# Soziale Marktwirtschaft

## Arbeitsmaterialien für den handlungsorientierten Betriebslehreunterricht

von

Horst W. Stierand

winklers verlag

40241

# Vorwort

> **„In Deutschland reden viele vom Erfolgsgaranten soziale Marktwirtschaft, nicht ganz so viele wissen, wie sie wirklich funktioniert."** (iwd, Nr. 1, Jg. 23, vom 27. Februar 1997, S. 2)

## 1. Das Thema

Wer sich schon einmal mit dem Thema „soziale Marktwirtschaft" beschäftigt hat, weiß, wie komplex es ist und wie schwer man sich tut es zu strukturieren und begriffsinhaltlich einigermaßen in den Griff zu bekommen. In den folgenden Ausführungen wird der Versuch unternommen, die soziale Marktwirtschaft jeweils von einer bestimmten Seite (Komponente) her zu betrachten, ohne dass auf die Darstellung der Beziehungszusammenhänge zwischen den einzelnen Teilaspekten sowie zwischen diesen und dem Ganzen verzichtet wird.

Zur Strukturierungs- und Abgrenzungsproblematik hinzu kommt vielfach noch eine mehr oder weniger starke Ideologiebehaftetheit von Aussagen in der Fachliteratur zur sozialen Marktwirtschaft. Dessen ungeachtet bemüht sich der Verfasser dieser Arbeitsmaterialien um eine möglichst objektive Darstellung dieser werthaltigen Thematik, nicht ohne die Schüler immer wieder – insbesondere im Abschnitt über Wirtschaftspolitik – zu begründeten Stellungnahmen und kritischen Bewertungen von Sachverhalten herauszufordern.

## 2. Intentionen des Verfassers

Die in den „Arbeitsmaterialien für den handlungsorientierten Betriebslehreunterricht" didaktisch und methodisch aufbereiteten Lehr- und Lerninhalte stellen in ihrer Gesamtheit ein Maximalprogramm dar, das der Lehrer an das spezifische Leistungsvermögen der einzelnen Klasse und an die jeweiligen sozio-kulturellen Rahmenbedingungen vor Ort anpassen muss.

Diese Unterrichtsmaterialien sollen es den Schülern ermöglichen, sich mit einzelnen, sie besonders interessierenden betriebswirtschaftlichen Themen intensiver als gewöhnlich auseinander zu setzen. Auf diese Weise soll das Interesse der Schüler an betriebswirtschaftlichen Fragestellungen geweckt werden. Die bewusste Handlungsorientierung bei der Erarbeitung der einzelnen Stoffgebiete zielt in die gleiche Richtung. Bestimmend für die Art der Präsentation der einzelnen Lehr- und Lerninhalte in diesen Arbeitsheften ist die pädagogische Leitmaxime, dass alles, was der Schüler selbst erarbeiten kann, ihm nicht als fertiger Lehrbuchinhalt vorgegeben werden darf, sondern als Arbeitsauftrag zu formulieren oder mithilfe von Leitfragen aus ihm „herauszuholen" ist.

Die angestrebte Handlungsorientierung ist pragmatisch im Sinne des „praktisch Machbaren" zu deuten. Sie umschließt im Wesentlichen die weitgehend selbstständige Bearbeitung konkreter Problemstellungen durch Schüler mithilfe von Erschließungswerkzeugen wie z. B. Arbeitsaufträge und gezielte Leitfragen. Wesenselemente dieses Handlungsbegriffs sind Schüleraktivität im Sinne von Schülerselbsttätigkeit und möglichst weitgehende Schülerselbstständigkeit ohne unmittelbare Führung durch den Lehrenden.

## 3. Aufbau der Unterrichtseinheiten

Typisch ist eine viergliedrige Struktur der Lerneinheiten: (1) Ausgangssituation – (2) Sachdarstellung – (3) Erarbeitung neuer Lerninhalte durch Arbeitsaufträge und Fragen zur Stofferschließung – (4) Aufgaben zur Lernzielkontrolle und Sicherung des Lernerfolgs.

Die eigentliche Stofferarbeitung erfolgt auf sehr unterschiedliche Weise, so z. B. durch Auswerten von vorgegebenem Informationsmaterial, durch Lösen von Situationsaufgaben, Erstellen von Übersichten, Anfertigen von Exzerpten. Fast ebenso vielfältig wie die Formen der Stofferarbeitung sind diejenigen der Erfolgssicherung und Erfolgskontrolle. Sie reichen von Multiplechoiceaufgaben über Ergänzungs-, Zuordnungs- und Entscheidungsaufgaben bis hin zu eigenständigen Definitionsversuchen.

Für Anregungen und Verbesserungsvorschläge ist der Verfasser dankbar.

5., aktualisierte Auflage, 2003


im Westermann Schulbuchverlag GmbH
Postfach 11 15 52, 64230 Darmstadt
Telefon: 06151 8768-0 Fax: 06151 8768-61
http://www.winklers.de
Druck: westermann druck GmbH, Braunschweig

ISBN 3-8045-**4024**-4

# INHALTSVERZEICHNIS

# 1 Die Entstehung der sozialen Marktwirtschaft (entstehungsgeschichtliche bzw. genealogische[1] Komponente)

## 1.1 Wie war die wirtschaftliche Lage im Nachkriegsdeutschland?

### AUSGANGSSITUATION

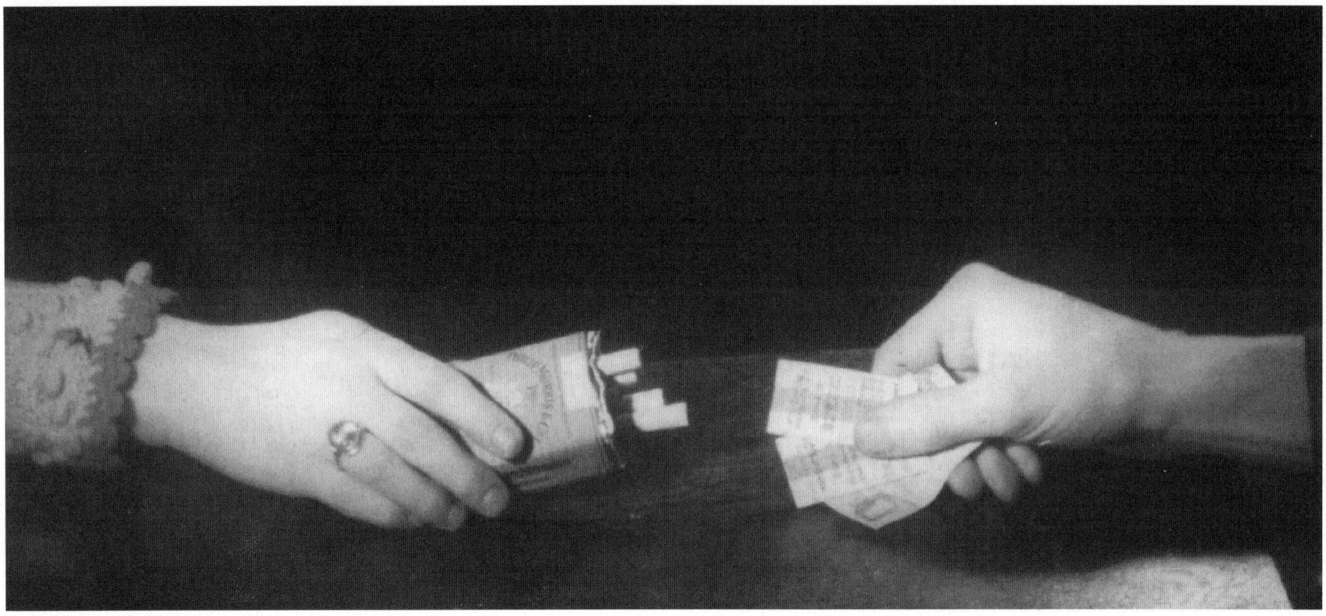

Die Zigarettenwährung

Foto: dpa, Frankfurt/Main

### SACHDARSTELLUNG

„Mit dem **militärischen Zusammenbruch** war die deutsche Wirtschaft auf einen Nullpunkt gesunken. Zahlreiche Produktionsanlagen waren zerstört oder wurden demontiert, um die Reparationsansprüche der Siegermächte zu befriedigen. Soweit Anlagen noch erhalten blieben, wurden sie häufig nicht genutzt da der Wirtschaftskreislauf zunächst unterbrochen war. So erreichte die Industrieproduktion 1946 nur 33 % des Ergebnisses von 1936.

**Die Versorgungslage** war katastrophal. Die Kohlenförderung etwa betrug nur ein Zehntel der Vorkriegsmenge – ein Mangel, der nicht nur die Industrie, sondern auch direkt die Bevölkerung traf, die vielfach zur Selbsthilfe schritt. Besonders in den Wintermonaten kam es zur Plünderung von Kohlenzügen – in Hamburg etwa ermittelte die Bahnpolizei im März 1947 fast 9 000 Kohlendiebe – und zum Raubbau an den Waldbeständen. Das größte Problem aber war der Hunger: Die offizielle Zuteilung von Nahrungsmitteln bewegte sich zwischen 1 200 und 1 500 Kalorien pro Tag, während Experten der Vereinten Nationen eine Kalorienmenge von 2 650 für nötig hielten. Noch 1946 starb jedes dritte neugeborene Kind an Unterernährung. Besonders die überbevölkerte britische Zone kaum versorgt werden; hier war die Kalorienmenge für einen Normalverbraucher im April 1946 auf 1 000 reduziert worden. Überdies mangelte es an Wohnraum. In den Großstädten wie Hamburg, Köln und Dortmund waren infolge des Luftkrieges über 50 % der Wohnungen zerstört.

Die Versorgungsprobleme verschärften sich noch durch den **Zustrom von Flüchtlingen** aus den Ostgebieten (insgesamt etwa 10 Millionen Menschen). Im Sommer 1945 passierten täglich etwa 30 000 Menschen die Aufnahmelager im Gebiet von Berlin. Von den Besatzungsmächten eingesetzte lokale Behörden bemühten sich um die **Belegung des verbliebenen Wohnraums,** die Einrichtung von Notquartieren und die Versorgung mit Lebensmitteln und Hausbrand.

Durch die **Zerstörung umfangreicher Produktionsanlagen und Verkehrswege,** durch die Aufteilung in Besatzungszonen und das Fehlen einer einheitlichen Rechtsordnung waren die Voraussetzungen für einen arbeitsteiligen Wirtschaftsprozess nahezu beseitigt: Hinzu kam der Geldverfall infolge der ungeheuren Kriegsverschuldung des NS-Regimes. Vom Willen der Siegermächte hing es ab, wie der Wirtschaftsprozess neu in Gang gesetzt und gelenkt werden sollte.

Bereits im **Potsdamer Abkommen** (August 1945) hatten die Alliierten auch wirtschaftliche Grundsätze vereinbart. Vorrangiges Ziel war die ‚Vernichtung des deutschen Kriegspotentials' durch Verbot bzw. Beschränkung der Herstellung aller für die Kriegswirtschaft notwendigen Güter. Das deutsche Wirtschaftsleben sollte dezentralisiert werden mit dem Ziel der ‚Vernichtung der bestehenden übermäßigen Konzentration der Wirtschaftskraft'. Das Hauptgewicht bei der Entwicklung des Wirtschaftslebens sollte auf die Landwirtschaft und die Friedensindustrie für den inneren Bedarf gelegt werden. Bedeut-

1 Hier im Sinne von „den Ursprung, die Entstehung betreffend".

sam war nicht zuletzt die Absicht, Deutschland während der Besatzungszeit als ‚wirtschaftliche Einheit' zu behandeln.

Die Potsdamer Beschlüsse standen noch im Zeichen des **Morgenthauplanes,** der die Zerstörung der Schlüsselindustrien und die Rückführung Deutschlands auf das Niveau eines Agrarstaates vorsah. Die Siegermächte verfolgten deshalb zunächst das Ziel, die Produktionskraft der deutschen Wirtschaft zu begrenzen und zu kontrollieren. Nach dem ‚Plan des Alliierten Kontrollrates für die Reparationen und die Kapazität der deutschen Nachkriegswirtschaft' vom März 1946 sollte die Industrieproduktion auf 50% des Standes von 1938 beschränkt bleiben. So wurden – über die Ausschaltung der unmittelbaren Kriegsproduktion hinaus – zahlreiche **Produktionsverbote** (z. B. für synthetische Treibstoffe, Öl, Gummi, Aluminium, schwere Werkzeugmaschinen, Kugellager) **und -beschränkungen** erlassen (z. B. für Stahl, Zement, Chemikalien, Transportmittel, Textilien).

Angesichts der Produktionsschwierigkeiten und der sozialen Notlage entschlossen sich die Alliierten zur **Beibehaltung der in der nationalsozialistischen Kriegswirtschaft entwickelten dirigistischen Lenkungsmethoden.** So wurde eine strenge Bewirtschaftung der Roh- und Grundstoffe sowie der Brennstoffe durchgeführt. Die Ein- und Ausfuhr und der Devisenverkehr unterlagen weiterhin staatlicher Kontrolle. Auch die von den Nationalsozialisten erlassenen Preis- und Lohnstoppverordnungen blieben vorerst in Kraft. Lebenswichtige Nahrungsmittel und andere Verbrauchsgüter wie z. B. Kleidung und Schuhe blieben rationiert, die Verteilung wurde durch ein System von **Bezugsscheinen** und **Lebensmittelkarten** geregelt.

Die Beschränkungen des Produktionsvolumens und die dirigistische Lenkung waren kaum geeignet, die wirtschaftliche Notlage zu beseitigen, zumal die Vorschriften auf allen möglichen Wegen umgangen wurden. Viele Produzenten versuchten, ihre Produkte zu horten und sich der Erfassung durch amtliche Stellen zu entziehen. Überall bildeten sich **schwarze Märkte,** verbreiteten sich **Schleichhandel und Korruption.**

Nicht zuletzt der **riesige Geldüberhang** verhinderte einen geordneten Warentausch. Als **allgemeine Tausch- und Recheneinheit** galt **nicht mehr** die **Reichsmark,** sondern die **amerikanische und englische Zigarette.** Je nach Zeit und Ort betrug der Gegenwert für eine Zigarette 5 bis 15 RM. Viele Unternehmer und Verbraucher ließen sich nur noch auf den Tausch von Ware gegen Ware ein (Kompensationsgeschäfte), auch Arbeitslöhne wurden vielfach in Waren gezahlt. Das **Tausch- und Kompensationsgeschäft** bestimmte das Wirtschaftsleben so sehr, dass es weithin als normal empfunden wurde."[1]

## ARBEITSAUFTRÄGE UND FRAGEN ZUR STOFFERSCHLIESSUNG

1. Beschäftigen Sie sich möglichst eingehend mit den vorstehenden Abbildungen und der nachfolgenden Sachdarstellung. Beantworten Sie danach die folgenden Auswertungsfragen.
2. Warum gab es nach dem Zusammenbruch eine sog. „Zigarettenwährung"? Vergleichen Sie hierzu die Sachdarstellung, letzter Abschnitt.
3. Warum gab es nach Kriegsende Bezugsscheine und Lebensmittelkarten? Lesen Sie hierzu die Ausführungen im letzten Abschnitt der Sachdarstellung.
4. Welche Probleme ergaben sich für die Güterproduktion unmittelbar nach dem Krieg?
5. Wie war die Versorgungslage der deutschen Bevölkerung nach Beendigung des Zweiten Weltkriegs?
6. Wodurch wurden die akuten Versorgungsprobleme nach Kriegsende noch verschärft?
7. Welchen Zweck erfüllte die Wohnraumzwangsbewirtschaftung?
8. Welche Schwierigkeiten stellten sich dem Aufbau einer arbeitsteiligen Wirtschaft nach Kriegsende entgegen?
9. Welche Zielsetzungen verfolgte das Potsdamer Abkommen?
10. Welche Zielsetzungen verfolgte der Morgenthauplan und wie wurde dieser Plan von den Siegermächten in die Realität umgesetzt?
11. Welche Wirtschaftspolitik betrieben die Alliierten in Anbetracht der bestehenden Produktionsschwierigkeiten und der sozialen Notlage der deutschen Bevölkerung?
12. Warum blühten damals die Tausch- und Kompensationsgeschäfte?
13. Welche Aufgabe erfüllten die „schwarzen Märkte" in der damaligen Zeit?

1 B. Keller, Wirtschaftstheorie und Wirtschaftpolitik in der Bundesrepublik Deutschland, in: Schriften und Materialien zur Gemeinschaftskunde, hrsg. von W. Haseloff, Diesterweg-Verlag, Frankfurt a. M. 1980, 2. Aufl., S. 5 ff. (Hervorhebungen durch den Zitatverwender).

# 1.2 Wer waren die geistigen Wegbereiter der sozialen Marktwirtschaft

## SACHDARSTELLUNG

Während der Zeit des Dritten Reiches fand sich unter der Bezeichnung **„Freiburger Schule"** ein Kreis von Wirtschaftswissenschaftlern zusammen, der aus Protest gegen die damalige restriktive[1] staatliche Wirtschaftspolitik liberale Ideen propagierte. Hauptvertreter dieser neoliberalen Schule waren die Professoren **Walter Eucken**, **Franz Böhm**, **Wilhelm Röpke**, **Alexander Rüstow** und **Wilhelm Hayek.**

**Die Neoliberalen** sehen in der Marktwirtschaft die beste aller möglichen Wirtschaftsordnungen, lehnen jedoch die Laissez-faire-Wirtschaft des 19. Jahrhunderts wegen der unsozialen Auswirkungen ab. Im Gegensatz zu den Altliberalen vertreten sie die Auffassung, dass die **Wettbewerbsordnung nicht naturgegeben**, sondern nur tendenziell vorhanden ist. Sie muss **vom Staat organisiert** und gegen Verfallserscheinungen gesichert werden. Es gehört zu den Hauptaufgaben des Staates, eine **funktionsfähige Wettbewerbsordnung** zu schaffen. Nur wenn diese Aufgabe bewältigt wird, ist eine leistungsgerechte Einkommensverteilung und ein hoher Beschäftigungsgrad möglich.

Professsor Walter Eucken Foto: Ullstein

Professor Franz Böhm Foto: Ullstein

Professor Müller-Armack Foto: dpa

Foto: Ullstein

Der **Begriff „soziale Marktwirtschaft"** wurde von dem Kölner Wirtschaftsprofessor **Alfred Müller-Armack** geprägt. **Professor Ludwig Erhard,** der **Vater des deutschen „Wirtschaftswunders"**, hat als Wirtschaftsminister unter Bundeskanzler Adenauer (1949–1963) und als Bundeskanzler (1963–1966) die Idee der sozialen Marktwirtschaft in die Wirtschaftspraxis umzusetzen versucht.

L. Erhard musste seine wirtschaftspolitische Konzeption gegen den **heftigen Widerstand** der Besatzungsmächte, der Gewerkschaften, der SPD, von versierten Praktikern und renommierten Wirtschaftswissenschaftlern durchsetzen. Sie waren der Ansicht, dass bei der viel zu geringen Produktionskapazität der deutschen Wirtschaft eine einigermaßen gerechte Verteilung der Güter nur durch staatliche Zuteilung, d. h. durch eine staatlich gelenkte Wirtschaft, möglich wäre. Aufgrund der **negativen Erfahrungen mit dem Wirtschaftsliberalismus** im 19. Jahrhundert wurde befürchtet, dass die Einführung einer weitgehend freien Marktwirtschaft im damals stark zerstörten, verarmten, überbevölkerten und in Besatzungszonen aufgeteilten Deutschland Millionen Menschen den Hungertod bringen würde, den besitzenden, vom Krieg verschont gebliebenen Bevölkerungsteilen jedoch alle nur erdenklichen Vorteile böte.

Tatsächlich wurden im Zuge der noch zu beschreibenden Neuordnung des Geldwesens im Jahre 1948 **nur die Geldwerte, nicht** jedoch die **Sachwerte abgewertet** und somit die **Grundbesitzer** und **Unternehmer** eindeutig **begünstigt.** Andererseits wurde damit auch die **materielle Basis** für die nach der Währungsreform einsetzende kraftvolle **Entfaltung der freien Unternehmertätigkeit** geschaffen. Insgesamt gesehen hat die Realisierung der Idee der sozialen Marktwirtschaft dem deutschen Volk **ungeahnten Wohlstand** eingebracht – von der Gewährung umfassender **Freiheitsrechte** einmal ganz abgesehen. In der **Weitsichtigkeit seiner Entscheidung** und in der **konsequenten Umsetzung der Konzeption** der sozialen Marktwirtschaft in die Wirtschaftspraxis liegt zweifellos das **geschichtliche Verdienst von Ludwig Erhard.**

1 restriktiv: die Freiheitsrechte (Gewerbe-, Konsum-, Investitions-, Niederlassungsfreiheit u. a.) einschränkend

## ARBEITSAUFTRÄGE UND FRAGEN ZUR STOFFERSCHLIESSUNG

1. Nennen Sie zwei Merkmale, durch die sich der Neoliberalismus vom klassischen Liberalismus unterscheidet.
2. Nennen Sie drei Vertreter der sog. „neoliberalen Schule".
3. Beschreiben Sie kurz die Rolle Ludwig Erhards im Zusammenhang mit der Verwirklichung der Idee der sozialen Marktwirtschaft.
4. Aus welchen Gründen stieß damals die Idee der sozialen Marktwirtschaft auf den entschiedenen Widerstand der SPD und der Gewerkschaften?
5. Welche ungeahnten positiven Effekte hat die konsequente Umsetzung der Idee der sozialen Marktwirtschaft für die Menschen in Westdeutschland mit sich gebracht?

# 1.3 Wie kam es zur Einführung der sozialen Marktwirtschaft?

## AUSGANGSSITUATION

Währungsreform – Auszahlung der Kopfquote in einer Umtauschstelle am 20. Juni 1948

Foto: Süddeutscher Verlag

**Zwei ausländische Beobachter,** der ehemalige französische Wirtschaftsminister Jacques Rueff und André Piettre, schildern den Übergang zum neuen Wirtschaftssystem wie folgt:

„Der schwarze Markt verschwand urplötzlich. Die Auslagen waren zum Bersten voll mit Waren, die Fabrikschornsteine rauchten und auf den Straßen wimmelte es von Lastkraftwagen. Wo es auch sei, überall statt der Totenstille der Ruinen das Gerassel der Baustellen. Aber war schon der Umfang dieses Wiederaufstiegs erstaunlich, so noch mehr die Plötzlichkeit. Er setzte auf allen Gebieten des Wirtschaftslebens auf den Glockenschlag mit dem Tage der Währungsreform ein. Nur Augenzeugen können einen Begriff von der buchstäblich augenblicklichen Wirkung geben, die die Währungsreform auf die Wiederauffüllung der Lager und die Reichhaltigkeit der Auslagen gehabt hat. Von einem Tag auf den anderen füllten sich die Läden mit Waren, fingen die Fabriken wieder an zu arbeiten. Noch am Abend vorher liefen die Deutschen ziellos in den Städten umher, um kärgliche zusätzliche Nahrungsmittel aufzutreiben. Am Tage darauf dachten sie nur noch daran, sie zu produzieren. Am Vorabend malte sich die Hoffnungslosigkeit auf ihren Gesichtern, am Tage darauf blickte eine ganze Nation hoffnungsfreudig in die Zukunft."[1]

1 F. Schmitz-Ohlstedt, Wirtschaft – Staat – Gesellschaft. Die soziale Marktwirtschaft in der Bundesrepublik Deutschland, Starnberg 1962, S. 4 f.

## SACHDARSTELLUNG

Das im Frühjahr 1948 auf Initiative des amerikanischen Außenministers Marshall gestartete **Hilfsprogramm für Europa,** der so genannte **Marshallplan,** brachte den Westzonen **1,5 Milliarden Dollar an Kapitalhilfe** ein. Bestimmungsgemäß sollte diese Starthilfe zum Einkauf von Rohstoffen und Investitionsgütern in den USA verwendet werden. Sie **trug sehr wesentlich zum Aufschwung der Wirtschaft** in der Anfangsphase der sozialen Marktwirtschaft bei. Zugleich war aber mit dieser Kapitalhilfe auch eine **weitgehende Einbindung der deutschen Westzonen in den Wirtschaftsblock der westlichen Hemisphäre** vollzogen worden.

Durch eine Neuordnung des Geldwesens musste zunächst der riesige Geldüberhang beseitigt werden, um einen geordneten Güteraustausch zu ermöglichen. Mit der **Währungsreform vom 20. Juni 1948 wurde in Westdeutschland die soziale Marktwirtschaft** eingeführt. Das diesem Akt zugrunde liegende „Gesetz über die Leitsätze für die Bewirtschaftung und Preispolitik nach der Geldreform" enthielt Vorschriften, die eine **Lockerung der Zwangsbewirtschaftung** bzw. eine **Liberalisierung der Märkte** bewirkten, insbesondere wurden viele Preise freigegeben und der bestehende Lohnstopp wurde aufgehoben. An die Stelle der wertlosen Reichsmark trat die Deutsche Mark. Jeder Einwohner erhielt ein **„Kopfgeld" von 60,00 DM.** Bestehende Forderungen und Altguthaben wurden im Verhältnis **10 : 1 abgewertet.**

Die Durchführung der Währungsreform in den Westzonen bedeutete zugleich das **Ende der deutschen Wirtschaftseinheit,** denn in der sowjetischen Besatzungszone, also im Gebiet der späteren DDR, wurde die Ostmark eingeführt. Die Wirkungen der Währungsreform in Westdeutschland waren durchschlagend: „Viele Gebrauchsgegenstände, die zuvor nur nach langer Suche und unter hohen Kosten auf dem schwarzen Markt erhältlich waren (z. B. Nähnadeln, Rasierklingen, Glühbirnen), gab es wie selbstverständlich wieder zu kaufen."[1]

## FRAGEN ZUR STOFFERSCHLIESSUNG

1. Wie erklären Sie sich die vielfältigen Aktivitäten in der Wirtschaft nach Durchführung der Währungsreform?
2. Welche Wirkungen auf Westdeutschland hatte der Marshallplan?
3. Welche wirtschaftspolitische Bedeutung hatte die Währungsreform von 1948? (Drei Angaben)
4. Wie wurde die Währungsreform von 1948 praktisch durchgeführt?
5. Welche Personenkreise waren die „Gewinner" bei der damaligen Währungsreform?
6. Welche politischen Konsequenzen ergaben sich aus der Währungsreform von 1948 in Westdeutschland?

# 1.4 Aufgaben zur Lernzielkontrolle und Sicherung des Lernerfolgs

## AUFGABEN MIT AUSWAHLANTWORTEN[2]

**1.** Die wirtschaftliche und politische Lage in Deutschland unmittelbar nach Kriegsende ist durch eine Reihe von besonderen Merkmalen gekennzeichnet. Welches Merkmal ist für diese Zeit **nicht** zutreffend?

a) Wohnraumzwangsbewirtschaftung.
b) Die Zonengrenze trennte die östliche Besatzungszone (spätere DDR) von den drei westlichen Zonengrenzen.
c) Zustrom von Millionen von Flüchtlingen aus den Ostgebieten.
d) Entstehung sog. „schwarzer Märkte".
e) Riesiger Geldüberhang (Inflation).

**2.** Welche von den u. a. Persönlichkeiten gehört **nicht** zu den geistigen **Wegbereitern der sozialen Marktwirtschaft,** zur sog. neoliberalen Schule?

a) Franz Böhm
b) Walter Eucken
c) Alfred Müller-Armack
d) Konrad Adenauer
e) Wilhelm Röpke

**3.** Welche der folgenden Aussagen zur **Entwicklungsgeschichte** der sozialen Marktwirtschaft ist **falsch?**

a) Der Begriff „soziale Marktwirtschaft" wurde von dem Kölner Wirtschaftsprofessor Alfred Müller-Armack geprägt.
b) Die soziale Marktwirtschaft wurde in der Bundesrepublik Deutschland mit der Verabschiedung des Grundgesetzes am 23. Mai 1949 eingeführt.
c) Professor Ludwig Erhard hat als Bundeswirtschaftsminister und späterer Bundeskanzler die Idee der sozialen Marktwirtschaft in die Praxis umzusetzen versucht.
d) Zu den Gegnern einer Einführung der sozialen Marktwirtschaft im damaligen Westdeutschland gehörten die Gewerkschaften und die SPD.
e) Mit der Einführung der sozialen Marktwirtschaft im damaligen Westdeutschland wurden die bestehenden Bewirtschaftungs- und Preiskontrollen sowie der Lohnstopp aufgehoben.

1 B. Keller, Wirtschaftstheorie und Wirtschaftspolitik, a. a. O., S. 12
2 Stets 1 aus 5.

# 2 Die Entwicklungsgeschichte der sozialen Marktwirtschaft (historische Komponente)

## 2.1 In welchen Phasen verlief die Entwicklung der sozialen Marktwirtschaft?

### SACHDARSTELLUNG

**Phase I: Ludwig Erhard (1948–1966) – Wiederaufbauphase**

#### Wirtschaftliche Ausgangssituation[1]

Wichtigste Kennzeichen: darniederliegende Wirtschaft, Währungsreform, Marshallplanhilfe.

#### Staatliche Wirtschaftspolitik

- Einführung einer marktwirtschaftlichen Ordnung und Durchsetzung marktwirtschaftlicher Prinzipien (Wettbewerb, Vertragsfreiheit, Privateigentum, freier Außenhandel);
- Förderung der Investitionen durch Gewährung von Steuervorteilen und Einräumung von Abschreibungsmöglichkeiten;
- absolute Vorrangstellung der Marktsteuerung gegenüber staatlichen Lenkungsmaßnahmen;
- Verabschiedung des Montan-Mitbestimmungsgesetzes (1951) und des Betriebsverfassungsgesetzes (1952);
- Schaffung einer Rahmenordnung zur Sicherung des Wettbewerbs (Kartellgesetz von 1957);
- Gründung der Europäischen Wirtschaftsgemeinschaft (EWG) sowie der Deutschen Bundesbank als autonome Institution zur Sicherung der Geldwertstabilität (1957).

Insgesamt wurde die Wirtschaftspolitik in der ersten Phase der sozialen Marktwirtschaft im Wesentlichen als Ordnungspolitik, d. h. als Politik der Rahmengestaltung, verstanden.

#### Wirtschaftliche Leistungen

- Wiederaufbau der zerstörten Städte und der Industrie;
- Eingliederung von Millionen von Flüchtlingen und ehemaligen Soldaten in das Wirtschaftsleben;
- enorme Steigerung der industriellen Produktion (Wachstumsraten des realen Bruttosozialprodukts von über 10 %; Phase des sog. **„Wirtschaftswunders"**; Hauptursache: hoher Nachholbedarf auf allen Gebieten);
- relativ niedrige Inflationsrate, d. h. weitgehende Stabilität des Geldwerts;
- Aufbau eines modernen Sozialsystems, ermöglicht durch das rasch steigende Sozialprodukt;
- Steigerung des allgemeinen Wohlstands. Parole: „Wohlstand für alle";
- Ermöglichung des Lastenausgleichs und hoher Wiedergutmachungsleistungen.

**Phase II: Karl Schiller[2] (1966–1969) – Einführung der Globalsteuerung**

#### Wirtschaftliche Ausgangssituation

- Verlangsamung des Wirtschaftswachstums infolge zunehmender Sättigung der Nachfrage. Erhöhte Bedeutung konjunktureller Probleme. Erste große Konjunkturkrise im Jahre 1966;
- abnehmende Wirksamkeit des herkömmlichen konjunkturpolitischen Instrumentariums, z. B. Maßhalteappelle Erhards (Gründe: Abbau der Devisenzwangsbewirtschaftung, Liberalisierung des Außenhandels, Zollabbau in der EWG);
- latent vorhandene Strukturprobleme (Bergbau, Landwirtschaft);
- Schwächen der internationalen Währungsordnung;
- Entstehung von Problemen des Umweltschutzes, der gerechten Vermögensverteilung, der Sozialbindung des Eigentums.

#### Staatliche Wirtschaftspolitik

- Beginnende Diskussion über die Notwendigkeit und die Grenzen staatlichen Eingreifens in das Wirtschaftsgeschehen, über das gesamtwirtschaftliche Zielsystem und die Gesamtordnung von Wirtschaft und Gesellschaft;
- Verabschiedung des „Gesetzes zur Förderung der Stabilität und des Wachstums" (**Stabilitätsgesetz** von 1967). Bedeutung: Neben die Einzelsteuerung der Wirtschaft durch den Markt tritt die **Globalsteuerung** durch den Staat **(staatliche Konjunkturpolitik mit antizyklischem Charakter);**
- **Abkehr von der bloßen Ordnungs- und Hinwendung zur aktiven staatlichen Wirtschaftspolitik (Prozesspolitik).** Dem Staat wird durch das Stabilitätsgesetz eine Verantwortung für die Sicherung des gesamtwirtschaftlichen Gleichgewichts, insbesondere für die Herbeiführung der Vollbeschäftigung, übertragen;
- Instrumente der Globalsteuerung:
  - Geld- und Kreditpolitik der Deutschen Bundesbank,
  - Finanzpolitik der Gebietskörperschaften (Bund, Länder, Gemeinden),
  - Einkommenspolitik (Erhaltung eines stabilen Preisniveaus durch Steuerung von Löhnen und Gehältern),
  - Außenwirtschaftspolitik;

Prof. Karl Schiller Foto: dpa

- Einführung der **„konzertierten Aktion"**[3]. Es handelt sich hierbei um eine Gesprächsrunde mit Vertretern der Gebietskörperschaften (Länder, Gemeinden), der Gewerkschaften und der Arbeitgeberverbände. Dieses Gremium, das jährlich drei- bis sechsmal tagte, sollte Orientierungsdaten erarbeiten, die als Grundlage für die Verwirklichung der Zielsetzungen des Stabilitätsgesetzes dienen sollten;
- **wirtschaftspolitische Leitmaxime Schillers: „Wettbewerb so weit wie möglich, Planung so weit wie nötig".** Verbindung des Prinzips der Marktsteuerung im Mikrobereich mit der staatlichen Planung im Makrobereich.[4]

#### Wirtschaftliche Leistungen

- Überwindung der Rezession von 1966/67 und der sie begleitenden Arbeitslosigkeit mithilfe von staatlichen Konjunkturförderprogrammen.
- Vollendung der Zollunion: Abschaffung der Binnenzölle, gemeinsamer Außenzoll (1968).

1 Vgl. Sie hierzu die Ausführungen in den Abschnitten 1.1 und 1.3
2 Prof. Karl Schiller (SPD), Wirtschaftsminister in der Großen Koalition von 1966–69, danach Wirtschafts- und Finanzminister; 1972 schied er aus der Regierung und der SPD aus.
3 1977 trat der DGB aus der konzertierten Aktion aus, weil die Arbeitgeberseite gegen das Mitbestimmungsgesetz Verfassungsklage erhoben hatte.
4 Mikrobereich = betriebswirtschaftlicher Bereich; Makrobereich = volkswirtschaftlicher Bereich

## Phase III: Sozialliberale Wirtschaftspolitik von 1969 bis zur „Wende" 1982

### Wirtschaftliche Ausgangssituation

- Ausbreitung von wirtschaftspolitischem Steuerungsoptimismus nach der Überwindung der Konjunkturkrise von 1966/67;
- Einsetzen eines Super-Booms nach dem Regierungswechsel von 1969 (sozialliberale Koalition);
- Verschärfung der Verteilungskämpfe wegen des bestehenden Arbeitskräftemangels (1970: Tariflohnsteigerungen von durchschnittlich fast 13 %);
- Ausbreitung einer das Leistungsprinzip negierenden Anspruchsmentalität;
- Ölkrise von 1973. Vervierfachung des Ölpreises. Kostenexplosion. Folge: steigendes Preisniveau (Inflationsrate 1974 bei 7 %) und rückläufiges Wirtschaftswachstum (Stagnation). Bezeichnung: **Stagflation;**
- Spürbare Abschwächung der Weltkonjunktur bei gleichzeitiger Verschärfung der Auslandskonkurrenz, insbesondere der japanischen;
- Einführung neuer Technologien (Computertechnik, Mikroprozessoren);
- Steigerung des Staatsanteils am Sozialprodukt. Erkennbarer Gegensatz zwischen privatem Reichtum und Armut des Staates.

### Staatliche Wirtschaftspolitik

- Einleitung der **„Politik der Reformen"** durch Bundeskanzler Willy Brandt: Ausbau des sozialen Netzes (Kündigungsschutz-, Lohnfortzahlungs-, Arbeitsförderungsgesetz von 1969) und **„Demokratisierung der Wirtschaft"** (Betriebsverfassungsgesetz von 1972 und Mitbestimmungsgesetz von 1976);
- **Dilemma der staatlichen Wirtschaftspolitik nach der Ölkrise:** Einerseits galt es, die Inflation mit kontraktiven Maßnahmen (z. B. Geldmengenbeschränkung, Diskonterhöhung) zu bekämpfen, andererseits wären zur Wiedererlangung der Vollbeschäftigung expansive Maßnahmen (z. B. Zinsverbilligung) erforderlich gewesen;
- **Politik der Deutschen Bundesbank nach Freigabe der Wechselkurse („Floating")** im Jahre 1973: Übergang zur Politik des knappen Geldes. Folge: allmähliche Verringerung der Inflationsraten um den Preis einer zunehmenden Arbeitslosigkeit. Ab 1974 übernimmt die Geldpolitik (der sog. Monetarismus) die Führungsrolle in der Wirtschaftspolitik; die Finanzpolitik gerät in eine Phase der Umorientierung.

### Wirtschaftliche Leistungen

- Ausbau des sozialen Sicherungssystems und Demokratisierung der Wirtschaft;
- Beibehaltung eines hohen Lebensstandards trotz weltwirtschaftlicher Konjunkturflaute und relativ hoher Arbeitslosigkeit am Ende der Siebziger- und zu Beginn der Achtzigerjahre;
- Weiterentwicklung des Kartellgesetzes;
- mithilfe des Systems der sozialen Marktwirtschaft gelingt es, die durch die Ölkrise, die weltwirtschaftliche Rezession und durch technische Innovationen ausgelösten Probleme vergleichsweise besser zu lösen als in anderen Ländern;
- Einführung des Europäischen Währungssystems (EWS).

## Phase IV: Christlich-liberale (angebotsorientierte) Wirtschaftspolitik ab 1982

### Wirtschaftliche Ausgangssituation

- Steigende Arbeitslosigkeit (1981/82 nahezu 2 Millionen Arbeitslose);
- Unternehmenszusammenbrüche in bisher nicht gekanntem Ausmaß (z. B. in der Baubranche);
- rasch steigende Unternehmenskonzentration;
- hohe Staatsverschuldung als Folge der Finanzierung von Beschäftigungsprogrammen und übersteigerter Sozialleistungen;
- Negativwachstum des Bruttosozialprodukts (1982: – 1,2 %);
- landwirtschaftliche Überschussproduktion in hohem Ausmaß;
- Probleme im Zusammenhang mit der Finanzierbarkeit des EG-Haushalts;
- Kohle- und Stahlkrise (1987).

### Staatliche Wirtschaftspolitik

- Wirtschaftspolitischer Konzeptionswechsel: Abkehr von der an J. M. Keynes (1883–1946) ausgerichteten antizyklischen Nachfragesteuerung und Einleitung einer mehr an marktwirtschaftlichen Grundsätzen orientierten Politik. Devise: **„Mehr Markt – weniger Staat!"**
- Begründung der neuen Wirtschaftspolitik: Marktwirtschaftliche Systeme sind als selbstregulierende Mechanismen aus sich heraus stabil und bedürfen somit keiner staatlichen Intervention (Stabilitätshypothese). Die in der wirtschaftlichen Wirklichkeit zu beobachtenden Fehlentwicklungen (z. B. Massenarbeitslosigkeit) werden im Sinne des Ordo-Liberalismus als Folge unzulässiger Staatsinterventionen gedeutet, so insbesondere der Ausweitung des Staatssektors, punktueller Eingriffe in den Marktmechanismus, leistungshemmender sozialer Sicherungen und erhöhter Abgabenlasten.
- Der Abbau der Arbeitslosigkeit soll durch Befreiung der „gefesselten Marktkräfte" und das auf diese Weise ausgelöste Wirtschaftswachstum bewerkstelligt werden.
- Zur Wiederbelebung der Marktkräfte sollen vom Staat Anreize zum Investieren und zu erhöhten Leistungen geschaffen werden; insbesondere gilt es, die Abgabenlast zu senken und leistungshemmende Faktoren (wie z. B. Arbeitsschutzbestimmungen) abzubauen. Insgesamt zielt diese Wirtschaftspolitik auf eine Verbesserung der Ertragslage der Unternehmen **(angebotsorientierte Wirtschaftspolitik).**[1]
- Die Verabschiedung besonderer Beschäftigungsprogramme wird wegen ihres inflationsfördernden und zinssteigernden Effekts strikt abgelehnt.
- Ziel der angebotsorientierten Wirtschaftspolitik ist eine Erneuerung der sozialen Marktwirtschaft durch Verbesserung der Rahmenbedingungen. Einer langfristig angelegten Ordnungspolitik wird eindeutig der Vorrang vor einer situationsgebundenen Prozesspolitik eingeräumt.
- Zu den Bausteinen der angebotsorientierten Wirtschaftspolitik gehört die Kontrolle der Geldmengenentwicklung, die Wettbewerbs- und Innovationspolitik. Das Herzstück ist die Konsolidierung der öffentlichen Haushalte; die „Flankensicherung" erfolgt durch Abbau gesetzlicher, verwaltungsmäßiger (administrativer) und tarifvertraglicher Hemmnisse und durch Flexibilisierung des Arbeitsmarktes.[1]

### Wirtschaftliche Leistungen

- Niedrige Preissteigerungsraten (zeitweise unter 1 %);
- positives Wirtschaftswachstum;
- Konsolidierung der zinstreibenden Staatshaushaltsdefizite und Verlangsamung des Ausgabenwachstums (bis 1987);
- Erzielung hoher Exportüberschüsse;
- staatliche Förderung von Unternehmensgründungen.

1 Vgl. J. Pätzold, Angebotsorientierte Wirtschaftspolitik, in: Wirtschaftliche Informationen für Unterricht, Studium und Weiterbildung, hrsg. von der Informationsstelle Baden-Württemberg (ISW), Stuttgart 1986, Ausgabe 2, November 1986.

## Phase V: Wirtschaftspolitik im Zeichen erweiterter Märkte (gesamtdeutscher, europäischer und Weltmarkt) – seit 1990

### Wirtschaftliche Ausgangssituation

- Wiedervereinigung Deutschlands (3. Oktober 1990);
- Integration der ehemaligen DDR in das Wirtschafts- und Gesellschaftssystem der Bundesrepublik Deutschland;
- große Defizite der Wirtschaft in den neuen Bundesländern (fehlende Infrastruktur, Produktivitätsrückstand, Umweltverschmutzung u. a.);
- schwerste Konjunktur- und Strukturkrise der Nachkriegszeit im Jahre 1992/93 mit Unternehmenszusammenbrüchen in großem Ausmaß und massivem Beschäftigungsabbau;
- weiter steigende Unternehmenskonzentration und Zunahme der Staatsverschuldung;
- steigende wirtschaftspolitische Bedeutung des Informationssektors (vierter Sektor) durch die Multimediatechnologie;
- Diskussion um den Industriestandort Deutschland (unmittelbarer Anlass: rund 4 Millionen Arbeitslose und massive Standortverlagerungen deutscher Unternehmen in das Ausland);
- Anstieg der Staatsquote auf über 50 % (Hauptgrund: Milliardentransfer in die neuen Bundesländer).

### Staatliche Wirtschaftspolitik

**a) Währungspolitik im Zeichen der Wiedervereinigung**

- Währungsumstellung in den neuen Bundesländern;
- Privatisierung ehemaliger Staatsbetriebe durch die Treuhand;
- Aufbau einer Infrastruktur in den neuen Bundesländern;
- Erhebung eines Solidaritätszuschlags auf die Lohn- und Einkommensteuer;
- relativ niedriges Wirtschaftswachstum (0 bis 2 %);
- Verstärkung des sozialen Gefälles (Vergrößerung der Unterschiede in der Einkommens- und Vermögensverteilung): immer mehr Multimillionäre, immer mehr Sozialhilfeempfänger;
- Verschlechterung der Finanzsituation bei den öffentlichen Haushalten (Hauptursache: Steuerausfälle infolge der schwachen Wirtschaftskonjunktur).

**b) Wirtschaftspolitik im Zeichen der europäischen Integration**

- Unterzeichnung der Verträge von Maastricht (1991) über die Europäische Union (Ziel: gemeinsame Währung bis spätestens 1999);
- Beginn des Europäischen Binnenmarktes, der Europäischen Union am 1. Januar 1993 (freier Warenverkehr in Europa der Fünfzehn);
- Entscheidung über die Teilnehmer der Europäischen Währungsunion und anschließende Errichtung der Europäischen Zentralbank in Frankfurt (Main) Anfang 1998.

**c) Wirtschaftspolitik im Zeichen der Globalisierung der Märkte und des Wettbewerbs**

- Intensivierung der internationalen Arbeitsteilung;
- verstärkter Konkurrenzdruck für deutsche Unternehmen auf dem Weltmarkt;
- vermehrte Kooperation zwischen multinationalen Konzernen (Jointventure);
- Einsparungen im Sozialbereich (z. B. im Gesundheitswesen) zur Verringerung der Lohnnebenkosten und zur Verbesserung der internationalen Wettbewerbsfähigkeit der deutschen Wirtschaft.

### Wirtschaftliche Leistungen

- Erzielung hoher deutscher Exportüberschüsse trotz weltweiter Konkurrenz und hoher Lohnkosten in Deutschland (z. B. 1995/96);
- Erzielung hoher Produktivitätssteigerungen als Folge der nach der Rezession von 1992/93 eingeleiteten strukturellen Anpassungen;
- Erreichung eines stabilen Preisniveaus mit Inflationsraten zwischen 1 % und 2 %;
- Umstellung auf Euro im bargeldlosen Zahlungsverkehr und im Börsenhandel (seit 1. Jan. 1999)
- Einführung des Euro auch als Bargeld (seit 1. Jan. 2002)

### Wirtschaftlicher Schwachpunkt

- Euroverfall (Referenzkurs der EZB am 4. Jan. 1999: 1,1789; bisheriger Tiefststand bei 0,84)

## ARBEITSAUFTRÄGE

1. Lesen Sie die oben stehenden Ausführungen mehrmals konzentriert durch. Stellen Sie bei Bedarf Fragen an Ihren BWL-Lehrer. Versuchen Sie sodann, aus dem Gedächtnis heraus eine Übersicht über die Entwicklungsstufen der sozialen Marktwirtschaft nach folgendem Muster zu erstellen:

| Phase[1] | wirtschaftliche Ausgangssituation | Maßnahmen der staatlichen Wirtschaftspolitik | wirtschaftliche Leistungen |
|---|---|---|---|
| I | | | |

2. Halten Sie vor der Klasse einen Kurzvortrag zum Thema „Die Entwicklungsstufen der sozialen Marktwirtschaft".
3. Erklären Sie möglichst genau folgende Begriffe und Schlagworte:
   a) Globalsteuerung
   b) konzertierte Aktion
   c) angebotsorientierte Wirtschaftspolitik
   d) Politik der Reformen

1 Nummer, Bezeichnung, Dauer der Phase angeben.

## 2.2 Aufgaben zur Lernzielkontrolle und Sicherung des Lernerfolgs

### AUFGABEN MIT AUSWAHLANTWORTEN[1]

**1.** In der Aufbauphase der sozialen Marktwirtschaft wurden in der Bundesrepublik Deutschland **große wirtschaftliche Leistungen** vollbracht. Welche der folgenden Aussagen zu diesem Themenbereich ist **falsch**?

a) Trotz enormer Steigerung der industriellen Produktion blieb die Inflationsrate relativ niedrig, d. h., der Geldwert war weitgehend stabil.

b) Es gab Wachstumsraten des realen Bruttosozialprodukts von jährlich über 20 %.

c) Das System der sozialen Marktwirtschaft ermöglichte einen raschen Wiederaufbau der zerstörten Städte und der Industrie, den Lastenausgleich und die Zahlung hoher Wiedergutmachungsleistungen.

d) Das rasch steigende Sozialprodukt erlaubte den allmählichen Aufbau eines modernen Sozialsystems.

e) Es gelang die Eingliederung mehrerer Millionen Flüchtlinge und ehemaliger Soldaten in den Wirtschaftsprozess.

**2.** In den Jahren nach der Einführung der sozialen Marktwirtschaft (etwa bis 1960) wies die damalige staatliche Wirtschaftspolitik einige **typische Merkmale** auf. Welche der folgenden Aussagen zu diesem Sachverhalt ist **falsch**?

a) Die Marktsteuerung hat absoluten Vorrang gegenüber staatlichen Lenkungsmaßnahmen.

b) Die Sicherung des Geldwerts ist eines der Hauptziele der damaligen Wirtschaftspolitik.

c) Ein weiteres Hauptziel der staatlichen Wirtschaftspolitik ist die Durchsetzung marktwirtschaftlicher Prinzipien wie Wettbewerb, Vertragsfreiheit, Privateigentum.

d) Zur Sicherung des Wettbewerbs wird eine Rahmenordnung geschaffen; dazu gehört vor allem die Verabschiedung des Kartellgesetzes.

e) Zur Eindämmung der hohen Preissteigerungsraten, die eine Folge des hohen Wirtschaftswachstums sind, wird ein allgemeiner Lohn- und Preisstopp eingeführt.

**3.** Welches der folgenden **wirtschaftspolitischen Ziele** spielte in der **Wiederaufbauphase** (Phase Erhard, 1948–1966) **keine** Rolle?

a) Schaffung von Wohlstand für alle bei einem hohen Beschäftigungsstand

b) Sicherung des Geldwertes und Stabilisierung der Konjunktur

c) Durchsetzung marktwirtschaftlicher Prinzipien

d) Beseitigung von Konjunkturkrisen durch staatliche Beschäftigungsprogramme

e) Schaffung einer Rahmenordnung zur Sicherung des Wettbewerbs

**4.** Welches von den unten genannten Ereignissen fällt **nicht** in die **Aufbauphase der sozialen Marktwirtschaft** (1948–1966)?

a) Gründung der Deutschen Bundesbank

b) Verabschiedung des Kartellgesetzes („Gesetz gegen Wettbewerbsbeschränkungen")

c) Verabschiedung des Stabilitätsgesetzes („Gesetz zur Förderung der Stabilität und des Wachstums")

d) Gründung der Europäischen Wirtschaftsgemeinschaft (EWG)

e) Verabschiedung des Montan-Mitbestimmungs- und des Betriebsverfassungsgesetzes

**5. Das deutsche „Wirtschaftswunder"** ist auch auf die von der Wirtschaftsordnung weitgehend unabhängige günstige Ausgangslage zurückzuführen. Welcher der unten angeführten Sachverhalte gehört **nicht** dazu?

a) Großer Nachholbedarf der Bevölkerung an allen möglichen Gütern

b) Maßvolle Lohnpolitik der Gewerkschaften

c) Die durch den Krieg zerstörten Fabriken konnten mit moderner Technik ausgestattet werden.

d) Vorhandensein intensiver wirtschaftlicher Beziehungen zu den Nachbarstaaten

e) Kapitalhilfe der USA durch den Marshallplan

**6. Die Einführung der Globalsteuerung** nach der „Phase Erhard" durch den damaligen Wirtschaftsminister Schiller hatte mehrere Gründe. Welcher von den unten angeführten **Gründen** gehört **nicht** dazu?

a) Latent vorhandene Strukturprobleme (Bergbau, Landwirtschaft) und zunehmende Konzentration in der Wirtschaft

b) Entstehung von Problemen des Umweltschutzes, der gerechten Vermögensverteilung, der Sozialbindung des Eigentums

c) Abnehmende Wirksamkeit des herkömmlichen konjunkturpolitischen Instrumentariums, insbesondere wegen des Abbaus der Devisenzwangswirtschaft, der Liberalisierung des Außenhandels, des Zollabbaus in der EWG

d) Verlangsamung des Wirtschaftswachstums infolge zunehmender Marktsättigung

e) Zunehmende Staatsverschuldung infolge überzogener Sozialleistungsansprüche der Bevölkerung

**7.** Durch das „Gesetz zur Förderung der Stabilität und des Wachstums" (Stabilitätsgesetz) wurde im Jahre 1967 die **Globalsteuerung** der Wirtschaft in das System der sozialen Marktwirtschaft eingeführt. Welcher der im Folgenden angeführten Gesichtspunkte gehört **nicht** zu den Instrumenten der Globalsteuerung?

a) Die Finanzpolitik der Länder und Gemeinden

b) Die Schaffung von Orientierungsdaten für die staatliche Konjunkturpolitik und für die Lohnpolitik der Sozialpartner

c) Die Einführung der Sparförderung und der Vermögensbildung in Arbeitnehmerhand

d) Die Haushaltspolitik des Bundes

e) Die Geld- und Kreditpolitik der Deutschen Bundesbank

**8.** Welche von den unten angeführten wirtschaftlichen Entwicklungen ist **nicht** kennzeichnend für die **Siebzigerjahre** der sozialen Marktwirtschaft?

a) Super-Boom nach dem Regierungswechsel von 1969

b) Ölkrise mit bislang nicht bekanntem Preisanstieg und tiefen Beschäftigungseinbrüchen

c) Verschärfte Auslandskonkurrenz, insbesondere aus Japan

d) Spürbare Aufwärtsentwicklung der Weltkonjunktur nach der Ölkrise von 1973

e) Verschärfung der Verteilungskämpfe wegen des bestehenden Arbeitskräftemangels in der Zeit vor der Ölkrise

1 Stets eins aus fünf, d. h., von 5 Auswahlmöglichkeiten gibt es nur **eine Lösung** (Key und 4 Distraktoren). Dieses Konstruktionsprinzip gilt für sämtliche Multiple-choiced-Aufgaben in diesem Heft. Vorgabezeit für die Bearbeitung pro Aufgabe (Item): etwa eine Minute.

**9.** Welcher der u. a. Sachverhalte gehört **nicht** zu der **angebotsorientierten Wirtschaftspolitik,** wie sie nach 1982 von der christlich-liberalen Koalition betrieben wurde?

a) Vorrang (Primat) der Ordnungspolitik gegenüber der Prozesspolitik

b) Beseitigung von Innovations- und Investitionshemmnissen

c) Verbesserung der Ertragslage der Unternehmen, insbesondere durch Steuererleichterungen

d) Antizyklische Konjunkturpolitik des Staates

e) Verbesserung der wirtschaftlichen Rahmenbedingungen

**10.** Die zweite Stufe in der Entwicklung der sozialen Marktwirtschaft, die **Phase Schiller von 1966 bis 1969,** weist ganz bestimmte **Merkmale** auf. Welches von den u. a. Merkmalen gehört **nicht** dazu?

a) Einführung der „konzertierten Aktion"

b) Schaffung einer Rahmenordnung zur Sicherung des Wettbewerbs (Kartellgesetz)

c) Einführung der Globalsteuerung der Wirtschaft

d) Verabschiedung des Stabilitätsgesetzes

e) Staatliche Konjunkturpolitik mit antizyklischem Charakter

**11.** Welcher der u. a. Gesichtspunkte ist **nicht** kennzeichnend für die **angebotsorientierte Wirtschaftspolitik**, wie sie nach der „Wende" von 1982 betrieben wurde?

a) Erneuerung der sozialen Marktwirtschaft durch Verbesserung der Rahmenbedingungen

b) Verabschiedung besonderer Beschäftigungsprogramme und Aufstellung von Eventualhaushalten zum Abbau der Arbeitslosigkeit

c) Abbau sozialpolitischer Hemmnisse und Flexibilisierung des Arbeitsmarktes

d) Stärkung der Marktkräfte durch Schaffung von Leistungs- und Investitionsanreizen, insbesondere durch Senkung der Steuerlast und Abbau leistungshemmender Faktoren

e) Konsolidierung der öffentlichen Haushalte und wachstumsfördernde Umstrukturierung der Staatsausgaben und -einnahmen

**12.** Die staatliche Wirtschaftspolitik in der sozialen Marktwirtschaft wurde durch eine Reihe von **Fachbegriffen** geprägt. Welcher der folgenden Begriffe ist **falsch** definiert?

a) Stagflation: steigendes Wirtschaftswachstum bei stagnierender Inflationsrate

b) Globalsteuerung: staatliche Konjunkturpolitik mit antizyklischem Charakter

c) Konzertierte Aktion: Gesprächsrunde mit Vertretern der Gebietskörperschaften, der Gewerkschaften und Arbeitgeberverbände zur Erarbeitung gesamtwirtschaftlicher Orientierungsdaten

d) Stabilitätshypothese: Annahme, dass marktwirtschaftliche Systeme als selbstregulierende Mechanismen aus sich heraus stabil sind und keiner staatlichen Interventionen bedürfen

e) Keynesianismus: Theorie der Beschäftigung von John Maynard Keynes (1883–1946). Die sich selbst überlassene Wirtschaft neigt zu Fehlentwicklungen (Instabilitätshypothese). Verantwortung des Staates zur Sicherung der Vollbeschäftigung.

**13.** In jeder Entwicklungsphase der sozialen Marktwirtschaft war die staatliche Wirtschaftspolitik von bestimmten **Grundsätzen (Leitmaximen)** geprägt. In der unten stehenden Zusammenstellung stimmt in einem Fall die angegebene **Leitmaxime nicht** mit der danebenstehenden **Entwicklungsphase** überein. Bestimmen Sie diese **Falsch**angabe.

| **Leitmaxime** | **Entwicklungsphase** |
|---|---|
| a) „Wohlstand für alle" | Wiederaufbauphase (Phase Erhard, 1948–1966) |
| b) „Wettbewerb so weit wie möglich, Planung so weit wie nötig". | Phase Schiller (1966–1969) |
| c) „Entfesselung der Marktkräfte", z. B. durch staatliche Investitionsanreize und Leistungsförderung | Christlich-liberale Wirtschaftspolitik ab 1982 |
| d) „Demokratisierung der Wirtschaft" | Phase Schiller (1966–1969) |
| e) „Mehr Markt – weniger Staat" | Christlich-liberale Wirtschaftspolitik ab 1982 |

**14.** Welche der im Folgenden genannten „Entwicklungen" ist nicht kennzeichnend für die wirtschaftliche Situation von 1990 bis 1995 (einschließlich) in Deutschland?

a) Weiterer Anstieg der Arbeitslosigkeit auf bis zu 4 Millionen.

b) In diese Zeit fällt die schwerste Konjunktur- und Strukturkrise der Nachkriegszeit.

c) Wirtschaftspolitischer Kurswechsel: mehr Markt – weniger Staat.

d) Transfer von mehreren hundert Milliarden Mark in die neuen Bundesländer (Hauptzweck: Aufbau einer neuen Infrastruktur).

e) Anstieg der Staatsquote (Anteil der Staatsausgaben am Bruttoinlandsprodukt) auf über 50 %.

**15.** In der **ersten Hälfte der Neunzigerjahre** gab es einige sehr bedeutungsvolle politische Entwicklungen, die das Wirtschaftsleben in Deutschland in starkem Maße beeinflussten. Eines der im Folgenden genannten Ereignisse fällt in einen **späteren Zeitraum**. Welches?

a) Die Wiedervereinigung Deutschlands.

b) Der Beginn des Europäischen Binnenmarkts.

c) Die Gründung der Europäischen Union.

d) Die Entscheidung über die Teilnehmer der Europäischen Währungsunion.

e) Die Unterzeichnung der Verträge von Maastricht.

# 3 Die Systemelemente der sozialen Marktwirtschaft (Wirtschaftssystemkomponente)

## 3.1 Was versteht man unter „sozialer Marktwirtschaft"?

### SACHDARSTELLUNG

Die soziale Marktwirtschaft ist zunächst eine bloße **Idee,** eine **Konzeption**[1], ein **Leitbild.** Soweit die Idee in die Wirtschaftspraxis umgesetzt wird, liegt ein **reales Wirtschaftssystem** vor. Es hat den Charakter eines **Mischsystems,** das sowohl Elemente der freien Marktwirtschaft als auch solche der Zentralverwaltungswirtschaft aufweist.

Die soziale Marktwirtschaft ist somit ein **dritter Weg** zwischen unbeschränkter Freiheit (zu wenig Staat) und zentraler Planung (zu viel Staat). Es handelt sich um eine staatlich gelenkte, an sozialen Zielen orientierte Marktwirtschaft, in der wichtige **freiheitliche Prinzipien,** so das Privateigentum, die Vertragsfreiheit, das Gewinnstreben und die Autonomie der Wirtschaftssubjekte, verwirklicht sind.

In der Konzeption der sozialen Marktwirtschaft soll „das Prinzip der Freiheit auf dem Markte mit dem sozialen Ausgleich" (Müller-Armack)[2] verbunden werden. Sie erhebt den Anspruch, individuelle Freiheit und Eigeninitiative mit sozialer Gerechtigkeit, technischem Fortschritt und hohem Wohlstand zu verbinden. Hierbei sollen die Vorteile der freien Marktwirtschaft (wirtschaftliche Freiheit, Dynamik, technischer Fortschritt, hohe Produktivität) und die der Zentralverwaltungswirtschaft (geringere Krisenanfälligkeit, hohes Beschäftigungsniveau, Konstanz der wirtschaftlichen Entwicklung) genutzt und deren Nachteile (Freiheitsmissbrauch, unsoziale Auswirkungen einerseits, Freiheitsbeschränkung und unzureichende Güterversorgung andererseits) vermieden werden. „Wenn uns eine ‚soziale Marktwirtschaft', d. h. eine nach den Regeln der Marktwirtschaft ablaufende, aber mit sozialen Ergänzungen und Sicherungen versehene Wirtschaft vorschwebt, geschieht dies in der Überzeugung, dass keine andere soziale Ordnung den gleichen Grad von sachlicher Produktivität und technischer Fortschrittlichkeit mit der Möglichkeit persönlicher Freiheit und sozialer Gestaltung vereinigt." (Müller-Armack)[3]

**Der Staat** hat in der sozialen Marktwirtschaft eine starke Stellung. Er greift im Interesse der Allgemeinheit und der sozial Schwachen unmittelbar in das Wirtschaftsgeschehen ein. Er ist Gestalter der Wirtschafts- und Gesellschaftspolitik, Umverteiler der Einkommen und Garant für das Funktionieren dieses Wirtschaftssystems (aktiver Staat).

**Grundlage des Systems** und primäres Koordinationsprinzip ist der Leistungswettbewerb. Durch ihn soll der Egoismus des Einzelnen (Gewinn- bzw. Nutzenstreben) in sozialen Fortschritt und Wohlstand umfunktioniert werden. Voraussetzung dafür ist, dass der Staat eine Wettbewerbsordnung schafft, in der Nichtleistungswettbewerb (Monopolbildung, Verdrängungswettbewerb, Kartellabsprachen, Marktmachtmissbrauch usw.) unterbunden wird.

**Geistige Grundlage** der sozialen Marktwirtschaft ist der Personalismus, der den Menschen nicht nur als Einzelwesen (Individuum), sondern zugleich auch als Sozialwesen begreift. Jeder trägt die Verantwortung für sich und für andere; von staatlicher Seite wird ihm dann geholfen, wenn er sich nicht mehr selbst helfen kann (Subsidiaritätsprinzip).

Die im Abschnitt 2 aufgezeigten Entwicklungsstufen[4] der sozialen Marktwirtschaft weisen sie als ein sehr flexibles System aus, vor allem im Vergleich zu starren totalitären Systemen.

### ARBEITSVORLAGE

BAUSTEINE (SYSTEMELEMENTE) DER SOZIALEN MARKTWIRTSCHAFT

| | | | |
|---|---|---|---|
| **1** | **Schlagwortartige Bezeichnung** | → | ______________________________ |
| **2** | **Grundanliegen** | → | ______________________________ |
| **3** | **Zielsetzung** | → | ______________________________ |

1 „Konzeption" laut Duden: künstlerischer Einfall, Entwurf eines Werkes.
2 A. Müller-Armack, Soziale Marktwirtschaft, in: Handwörterbuch der Sozialwissenschaften, Band 9, Stuttgart – Tübingen – Göttingen 1956, S. 390 f.
3 Ders., Die Wirtschaftsordnung sozial gesehen, in: ORDO I, Opladen 1948, S. 148 f.
4 Vgl. hierzu die staatliche Wirtschaftspolitik in den einzelnen Entwicklungsphasen der sozialen Marktwirtschaft (Abschnitt 2.1).

| | | |
|---|---|---|
| **4** | **Absichten (Intentionen)** | → ______________________ |
| **5** | **Funktion des Staates** | → ______________________ |
| **6** | **Koordinationsprinzip** | → ______________________ |
| **7** | **Geistige Grundlagen** | → ______________________ |
| **8** | **Flexibilität des Systems** | → ______________________ |

## ARBEITSAUFTRÄGE

1. Lesen Sie die Sachdarstellung mehrmals aufmerksam durch.
2. Fertigen Sie dann eine Kurzfassung (Stichwortliste) des obigen Textes nach dem Muster der Arbeitsvorlage an.
3. Halten Sie einen Kurzvortrag zum obigen Thema.

# 3.2 Wie unterscheiden sich freie und soziale Marktwirtschaft?

## ARBEITSVORLAGE

| Freie Marktwirtschaft | Unterschiede[1] | Soziale Marktwirtschaft |
|---|---|---|
| Man kann sich aussuchen, mit wem man Verträge abschließen will (Vertragseingehungsfreiheit), welche Inhalte sie haben sollen (Vertragsgestaltungsfreiheit) und in welcher Form sie abgeschlossen werden sollen (Grundsatz der Formfreiheit). | 1 **Vertragsfreiheit** | Einschränkung der Vertragsfreiheit, z. B. durch das ______ verbot, die ______ von sittenwidrigen und verbotenen Rechtsgeschäften, Verbot von ______-beschränkungen durch das Kartellgesetz, Verbot von unlauterem ______. |
| Unbegrenzte Konsumfreiheit. Alles, was nachgefragt wird, wird auch produziert und kann gekauft werden. | 2 **Konsumfreiheit** | Nur wenige Einschränkungen, z. B. bei<br>– ______<br>– ______ – ______ |
| Völlig freie Berufs- und Arbeitsplatzwahl, Freizügigkeit.<br>Bei hohem Arbeitskräfteangebot kann der Lohn unter das Existenzminimum sinken. | 3 **Berufs- und Arbeitsplatzwahl** | Grundsätzlich frei, jedoch vielfältige indirekte Lenkungsmaßnahmen des Staates, um Fehlentwicklungen auf dem Arbeitsmarkt zu vermeiden bzw. abzuschwächen, z. B.:<br>– ______beihilfen<br>– ______beratung<br>– ______vermittlung durch Arbeitsämter |

1 **Einzusetzende Begriffe:** Beruf – Medikamente – Nichtigkeit – Rauschgifte – Stellen – Umschulung – Waffen – Wettbewerb (2x) – Wucher

| | | |
|---|---|---|
| Es besteht uneingeschränkte Gewerbe- und Produktionsfreiheit, d. h. ausschließlich der Unternehmer entscheidet, was und wie viel produziert wird. Keinerlei staatliche Beschränkungen. | **4 Gewerbe- und Produktionsfreiheit** | Eingeschränkte Gewerbe- und Produktionsfreiheit, z. B. Konzessionen für[1] ______ ______ ______ |
| Ausschließlich Privateigentum; nur Privatbetriebe; keinerlei soziale Bindung des Eigentums. | **5 Eigentumsverhältnisse** | Neben Privat- auch ______eigentum, z. B. ______ ______ ______ Für das Privateigentum besteht eine ______. |
| Jedes Unternehmen plant für sich allein; viele Planträger; ausschließlich dezentrale Planung. | **6 Planungsautonomie** | Vorwiegend zentrale/dezentrale[2] Planung der Wirtschaftssubjekte, jedoch mit staatlicher ______planung. |
| Bildung der Preise ausschließlich auf dem Markt, und zwar durch Angebot und Nachfrage (ausschließlich Marktpreisbildung, keine staatliche und überstaatliche Preisfestsetzung). | **7 Preisbildung bzw. Preisfestsetzung** | Vorwiegend ______preisbildung, daneben jedoch auch staatliche und überstaatliche Preisfestsetzung.<br>– Höchstpreise sollen die Nachfrager vor Übervorteilung durch die (wen?) ______-______ schützen, z. B. Höchstmieten beim sozialen Wohnungsbau.<br>– Mindestpreise sollen den (wen?) ______-______ Mindesteinnahmen garantieren, z. B. bei Getreide. |
| Keinerlei Eingriffe des Staates in das Wirtschaftsgeschehen. Motto: „Laissez faire, laissez passer!" Der Staat überwacht nur („Nachtwächterstaat"). | **8 Staatseingriffe in das Wirtschaftsgeschehen** | Der Staat betreibt keine/aktive[2] Wirtschaftspolitik, und zwar in Form der Ordnungs- oder ______politik und/oder Wirtschaftsablauf- oder ______ ______politik.<br>Grundsätzlich sollen die Staatseingriffe den ______-Mechanismus nicht ausschalten. |
| Sie unterliegt ausschließlich den Gesetzen von Angebot und Nachfrage. Es gibt weder Arbeitgeber- (AG-) noch Arbeitnehmer- (AN-)Verbände (Gewerkschaften). Derartige Zusammenschlüsse stellen Monopolbildungen dar und sind systemwidrig. Folge: Ausbeutung der marktschwächeren AN durch die AG.<br>Entlohnung ausschließlich nach (Markt-) Leistung. | **9 Lohnfindung** | Sie erfolgt durch Verhandlungen zwischen ______ und ______-______, d. h. zwischen den ______. Der Staat darf sich in diese Verhandlungen jederzeit/überhaupt nicht[2] einmischen (Grundsatz der ______). Entlohnung nach ______ und nach ______ Gesichtspunkten (z. B. Alter, Familienstand, Kinderzahl, Betriebszugehörigkeit). |
| Das Einkommen bestimmt sich ausschließlich nach Marktgesichtspunkten (Angebots-/Nachfrageverhältnisse), keine Umverteilung. | **10 Einkommensverteilung** | Einkommensumverteilung durch den ______, z. B. durch unterschiedliche ______klassen, ______progression, ______ |

1 **Einzusetzende Begriffe:** Anbieter (2x) – Apotheken – Arbeitgeberverbände – Bauhöfe – Denkmale – Flugplätze – Gaststätten – Gas-, Strom-, Wasserwerke – Gewerkschaften – Hallenbäder – Leistung – Markt – Markt-Preis – Prozess – Rahmen (2x) – Sozialbindung – sozial – Sozialpartner – Sparförderung – Sporthallen – Staat (2x) – Staatsforste – Steuer (2x) – Tarifautonomie – Taxiunternehmen – umweltgefährdende Betriebe.

2 Nichtzutreffendes streichen!

| | | |
|---|---|---|
| Das Geld dient lediglich als Zahlungsmittel. Der Geldumlauf wird nicht durch eine Zentralbank gesteuert; die umlaufende Geldmenge erfüllt somit keine Lenkungsfunktionen in der freien Marktwirtschaft. | **11 Funktionen des Geldes** | Der Staat verwendet Geld auch als Mittel zur Steuerung der ________ (Verknappung oder Verbilligung des Geldes durch Maßnahmen der Europäischen Zentralbank). |
| Es besteht uneingeschränkter Freihandel, d. h., jeder kann importieren und exportieren, was und wie viel er will. Außerdem besteht freie Austauschbarkeit der Währungen (Konvertibilität). | **12 Außenhandel** | Grundsätzlich besteht Freihandel und Konvertibilität, jedoch erfolgen Eingriffe des Staates aus konjunkturpolitischen und anderen Gründen, z. B.<br>– Euro-________<br>– Zollsatz________<br>– ________politik der Notenbank (z. B. Stützungskäufe für den Euro)<br>– Verbot des ________handels mit Staaten in Spannungsgebieten. |

**Einzusetzende Begriffe:** Änderungen – Auf- oder Abwertung – Devisen – Konjunktur – Waffen

## ARBEITSAUFTRAG

Ergänzen Sie mithilfe der angegebenen Begriffe die obigen Ausführungen über die soziale Marktwirtschaft. Soweit Beispiele anzugeben sind, können auch andere als die angegebenen Begriffe verwendet werden.

# 3.3 Warum kann die soziale Marktwirtschaft als „dritter Weg" bezeichnet werden?

## SACHDARSTELLUNG UND ARBEITSVORLAGE

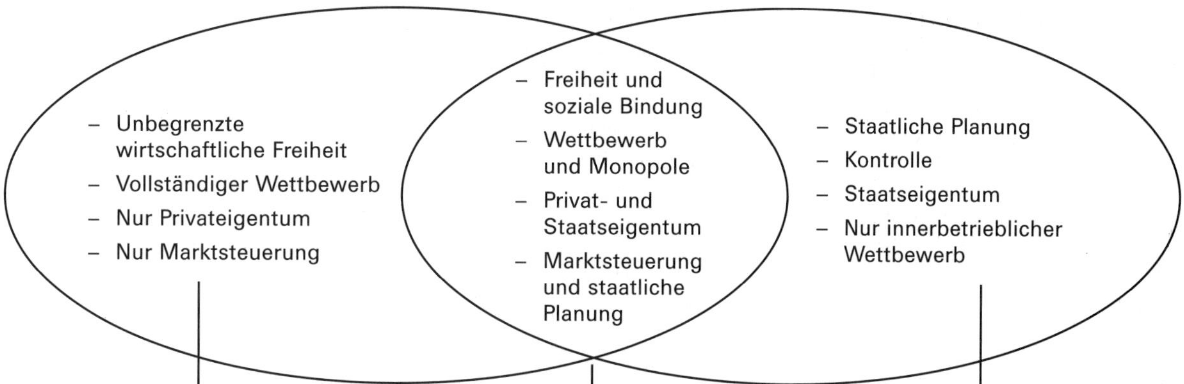


| Merkmale | Freie Marktwirtschaft (Verkehrswirtschaft) | Soziale Markwirtschaft der Bundesrepublik Deutschland | Zentralverwaltungswirtschaft |
|---|---|---|---|
| **(1) Eigentumsverhältnisse** | Privateigentum ohne soziale Bindung | ________<br>________<br>________<br>________ | Kollektiveigentum (Volkseigentum) |
| **(2) Wirtschaftssubjekte** | Privatunternehmer, private Haushalte | ________<br>________<br>________ | Nur Staatsbetriebe |

| | | | |
|---|---|---|---|
| **(3) Ziele des Wirtschaftens** | Ausschließlich Gewinnmaximierung | | Planerfüllung |
| **(4) Stellung der Arbeitnehmer-** | Ausbeutung durch die wirtschaftlich Stärkeren (Unternehmer) | | Kein Streikrecht, Unterordnung unter die Planziele |
| **(5) Arbeitsplatzwahl** | Freie Arbeitsplatzwahl, sofern Arbeitsplätze vorhanden sind | | Staatlich gelenkte Arbeitsplatzbesetzung, versteckte Arbeitslosigkeit (Überbesetzung), Arbeitsverpflichtungen |
| **(6) Risiko des Arbeitsplatzes** | Volles Risiko des Arbeitnehmers (z. B. bei Insolvenz des Unternehmers; fehlender Kündigungsschutz) | | Kein Arbeitsplatzrisiko, da Vollbeschäftigung (ausgenommen bei politischer Unzuverlässigkeit) |
| **(7) Wettbewerb (Konkurrenz)** | Marktwettbewerb, unbeschränkte (vollständige) Konkurrenz, z. T. auch unlauterer und Verdrängungswettbewerb | | Nur innerbetrieblich (Ansporn zur Mehrleistung → Ordensverleihung) |
| **(8) Preisbildung** | Freie Preisbildung durch Angebot und Nachfrage auf dem Markt | | Staatliche Preisfestsetzung |
| **(9) Lenkung der Wirtschaft (Rolle des Staates)** | Sie erfolgt ausschließlich durch den Markt-Preis-Mechanismus (dezentrale Planung, passive Rolle des Staates, „Nachtwächterstaat"). | | Sie erfolgt ausschließlich durch den Plan (zentrale Planung, Allmacht des Staates). |
| **(10) Güterverteilung** | Sie erfolgt ausschließlich nach Marktleistung. Folge: ungleiche Einkommens- und Vermögensverteilung. | | Nur geringfügige Einkommensunterschiede; in der Praxis jedoch vielfältige Privilegien der Funktionäre. |
| **(11) Güterversorgung** | Theoretisch bestmögliche Versorgung durch Konkurrenzdruck; praktisch jedoch ungleiche Verteilung der Güter wegen unterschiedlicher Machtverhältnisse auf dem Markt. | | Sie erfolgt nach Plan; vielfach Versorgungsschwierigkeiten (beschränkte Mengen, minderwertige Ware). |

## ARBEITSAUFTRAG

Ergänzen Sie im Unterrichtsgespräch mit Ihrem BWL-Lehrer die mittlere Spalte der vorstehenden Übersicht.

# 3.4 Aufgaben zur Lernzielkontrolle und Sicherung des Lernerfolgs

## AUFGABEN MIT AUSWAHLANTWORTEN[1]

**1.** Mehrere Schüler unterhalten sich vor einer Klassenarbeit über die **soziale Marktwirtschaft.** Hierbei werden die folgenden Aussagen gemacht. Welche von ihnen ist **falsch?**

a) Der Staat hat eine starke Stellung in der Wirtschaft; er greift unmittelbar in das Wirtschaftsgeschehen ein.

b) Die soziale Marktwirtschaft ist eine in der Wirklichkeit existierende Wirtschaftsordnung, also eine Realform.

c) Der Staat soll sich zur Durchsetzung seiner Ziele möglichst marktkonformer Mittel bedienen, also Mittel, die den Markt-Preis-Mechanismus nicht ausschalten.

d) Es herrscht uneingeschränkte Vertrags-, Produktions-, Konsum- und Gewerbefreiheit.

e) Die der sozialen Marktwirtschaft zugrunde liegende Geisteshaltung fasst den Menschen nicht nur als Einzelwesen (Individuum) auf, sondern auch als Sozialwesen.

**2.** Welches der folgenden **Schlagwörter** ist **nicht typisch** für die Konzeption der sozialen Marktwirtschaft?

a) Aktiver Staat

b) Privateigentum ohne Sozialbindung

c) Leistungswettbewerb

d) Personalismus

e) Soziale Korrekturen (sozialer Ausgleich)

**3.** In der sozialen Marktwirtschaft ist die Vertragsfreiheit eingeschränkt. Durch welchen der unten angeführten Sachverhalte wird die **Vertragsfreiheit nicht eingeschränkt?**

a) Verbot des unlauteren Wettbewerbs

b) Streben nach bloß angemessenem, nicht maximalem Gewinn

c) Nichtigkeit von sittenwidrigen und verbotenen Rechtsgeschäften

d) Verbot von Kartellen

e) Verbot von Wuchergeschäften

**4.** Welches der folgenden **Merkmale** ist **nicht kennzeichnend** für die soziale Marktwirtschaft?

a) Die Preisbildung erfolgt ausschließlich nach Angebot und Nachfrage.

b) Außer privaten gibt es auch staatliche Betriebe.

c) Verwirklichung von Mitbestimmungsrechten für Arbeitnehmer in den Betrieben

d) Steuerung der Konjunktur durch geldpolitische Maßnahmen

e) Wahrung der Tarifautonomie

**5.** Welche der folgenden Aussagen zur sozialen Marktwirtschaft ist **unzutreffend**?

a) Es handelt sich um eine bloße Idee, eine Konzeption, ein Leitbild.

b) Sie ist ein dritter Weg zwischen unbeschränkter Freiheit und zentraler Planung.

c) Geistige Grundlage ist der Individualismus, d. h. die uneingeschränkte Freiheit des Einzelnen.

d) Sie kann als Kompromiss zwischen zu viel und zu wenig Staatsfähigkeit begriffen werden.

e) Es handelt sich um eine staatlich gelenkte, an sozialen Zielen orientierte Marktwirtschaft.

**6.** Eine der folgenden Aussagen bezieht sich auf die **freie, nicht** auf die **soziale Marktwirtschaft**. Welche Aussage ist das?

a) Der Staat greift im Interesse der Allgemeinheit und der sozial Schwachen unmittelbar in das Wirtschaftsgeschehen ein.

b) Es handelt sich um eine mit sozialen Ergänzungen und Sicherungen versehene Wirtschaft mit einem hohen Grad sachlicher Produktivität und technischer Fortschrittlichkeit.

c) Dieses Wirtschaftssystem erhebt den Anspruch, individuelle Freiheit und Eigeninitiative mit sozialer Gerechtigkeit, technischem Fortschritt und hohem Wohlstand zu verbinden.

d) Die Lenkung der Wirtschaft erfolgt ausschließlich durch den Markt-Preis-Mechanismus; der Staat greift nicht unmittelbar in das Wirtschaftsgeschehen ein.

e) Der Staat ist Gestalter der Wirtschafts- und Gesellschaftspolitik, Umverteiler der Einkommen und Garant für das Funktionieren des Wirtschaftssystems.

**7.** Eine der folgenden **Kennzeichnungen passt nicht** zum System der **freien Marktwirtschaft**. Welche?

a) Wahrung der Arbeitnehmerrechte und soziale Absicherung der Arbeitnehmerschaft.

b) Privateigentum ohne soziale Bindung

c) Ungleiche Einkommens- und Vermögensverteilung

d) Freie Preisbildung durch Angebot und Nachfrage auf dem Markt

e) Passive Rolle des Staates (sog. „Nachtwächterstaat")

**8.** Im Folgenden werden **typische Merkmale der Zentralverwaltungswirtschaft** (als theoretische Extremform) aufgezählt. Eines dieser Merkmale ist jedoch für dieses Wirtschaftssystem **untypisch**. Welches?

a) Der Arbeitnehmer hat nur ein geringes Arbeitsplatzrisiko, da Vollbeschäftigung herrscht.

b) Um die Pläne bestmöglich erfüllen zu können, konkurrieren die einzelnen Betriebe einer Volkswirtschaft untereinander.

c) Als Wirtschaftssubjekte fungieren ausschließlich Staatsbetriebe; es gibt demzufolge in der ganzen Volkswirtschaft nur Kollektiveigentum (Volkseigentum).

d) Die Lenkung der Wirtschaft erfolgt durch zentrale Planung; sie macht einen allmächtigen Staat erforderlich.

e) Die Preise werden vom Staat festgesetzt; eine freie Preisbildung durch Angebot und Nachfrage auf dem Markt existiert nicht.

1 Stets 1 aus 5.

# 4 Soziale Marktwirtschaft und Grundgesetz (verfassungsrechtliche Komponente)

## 4.1 Wie verhalten sich Grundgesetz und soziale Marktwirtschaft zueinander?

### AUSGANGSSITUATION

**Urteil des Bundesverfassungsgerichts vom 20. Juli 1954:**[1]

**Das Menschenbild des Grundgesetzes ist nicht das eines isolierten Individuums; das Grundgesetz hat vielmehr die Spannung Individuum – Gemeinschaft im Sinne der Gemeinschaftsbezogenheit und Gemeinschaftsgebundenheit der Person entschieden, ohne dabei deren Eigenwert anzutasten. Das ergibt sich insbesondere aus einer Gesamtsicht der Art. 1, 2, 12, 14,15, 19 und 20 GG. Dies heißt aber: Der Einzelne muss sich diejenigen Schranken seiner Handlungsfreiheit gefallen lassen, die der Gesetzgeber zur Pflege und Förderung des sozialen Zusammenlebens in den Grenzen des bei dem gegebenen Sachverhalt allgemein Zumutbaren zieht, vorausgesetzt, dass dabei die Eigenständigkeit der Person gewahrt bleibt ...**

**Das Grundgesetz garantiert weder die wirtschaftspolitische Neutralität der Regierungs- und Gesetzgebungsgewalt noch eine mit marktkonformen Mitteln zu steuernde ‚soziale Marktwirtschaft'. Die ‚wirtschaftspolitische Neutralität' des Grundgesetzes besteht lediglich darin, dass sich der Verfassungsgeber nicht ausdrücklich für ein bestimmtes Wirtschaftssystem entschieden hat. Dies ermöglicht dem Gesetzgeber die ihm jeweils sachgemäß erscheinende Wirtschaftspolitik zu verfolgen, sofern er dabei das Grundgesetz beachtet.**

**Die gegenwärtige Wirtschafts- und Sozialordnung ist zwar eine nach dem Grundgesetz mögliche Ordnung, keineswegs aber die allein mögliche. Sie beruht auf einer vom Willen des Gesetzgebers getragenen wirtschafts- und sozialpolitischen Entscheidung, die durch eine andere Entscheidung ersetzt oder durchbrochen werden kann."**

### SACHDARSTELLUNG

**Auszüge aus dem Grundgesetz und aus Wirtschaftsgesetzen**

**Artikel 2 (Freiheit der Person)**

(1) Jeder hat das Recht auf die freie Entfaltung seiner Persönlichkeit, soweit er nicht die Rechte anderer verletzt und nicht gegen die verfassungsmäßige Ordnung oder das Sittengesetz verstößt.

**Artikel 9 (Koalitionsrecht)**

(1) Alle Deutschen haben das Recht, Vereine und Gesellschaften zu bilden.

(2) Vereinigungen, deren Zwecke oder deren Tätigkeiten den Strafgesetzen zuwiderlaufen oder die sich gegen die verfassungsmäßige Ordnung oder gegen den Gedanken der Völkerverständigung richten, sind verboten.

**Artikel 12 (Freiheit des Berufs)**

(1) Alle Deutschen haben das Recht, Beruf, Arbeitsplatz und Ausbildungsstätte frei zu wählen. [...]

(2) Niemand darf zu einer bestimmten Arbeit gezwungen werden. [...]

**Artikel 14 (Gewährleistung des Eigentums)**

(1) Das Eigentum und das Erbrecht werden gewährleistet. Inhalt und Schranken werden durch Gesetze bestimmt.

(2) Eigentum verpflichtet. Sein Gebrauch soll zugleich dem Wohle der Allgemeinheit dienen.

(3) Eine Enteignung ist nur zum Wohle der Allgemeinheit zulässig. Sie darf nur durch Gesetz oder auf Grund eines Gesetzes erfolgen, das Art und Ausmaß der Entschädigung regelt. [...]

**Artikel 15 (Gemeineigentum)**

Grund und Boden, Naturschätze und Produktionsmittel können zum Zwecke der Vergesellschaftung durch ein Gesetz, das Art und Ausmaß der Entschädigung regelt, in Gemeineigentum oder in andere Formen der Gemeinwirtschaft überführt werden. [...]

**Artikel 28 (Länderverfassungen)**

(1) Die verfassungsmäßige Ordnung in den Ländern muss den Grundsätzen des republikanischen, demokratischen und sozialen Rechtsstaates im Sinne dieses Grundgesetzes entsprechen.

**Gewerbeordnung § 1 (Grundsätzliche Gewerbefreiheit)**

Der Betrieb eines Gewerbes ist jedermann gestattet, soweit nicht durch dieses Gesetz Ausnahmen vorgeschrieben oder zugelassen sind.

**Gesetz gegen Wettbewerbsbeschränkungen (GWB, Kartellgesetz) § 1 Kartellverbot.**

Vereinbarungen zwischen miteinander im Wettbewerb stehenden Unternehmen, Beschlüsse von Unternehmensvereinigungen und aufeinander abgestimmte Verhaltensweisen, die eine Verhinderung, Einschränkung oder Verfälschung des Wettbewerbs bezwecken oder bewirken, sind verboten.

**Gesetz gegen den unlauteren Wettbewerb (UWG)**

Wer im geschäftlichen Verkehr zum Zwecke des Wettbewerbs Handlungen vornimmt, die gegen die guten Sitten verstoßen, kann auf Unterlassung und Schadenersatz in Anspruch genommen werden.

1 aus: Entscheidungen des Bundesverfassungsgerichts, Bd. 4, J. C. Mohr (Paul Siebeck), Tübingen 1956, S. 17 f.

## ARBEITSVORLAGE

| Gesetzes-vorschrift | Gewährte Freiheitsrechte | Einschränkungen der Freiheitsrechte | Staatliche Befugnisse (Eingriffe) |
|---|---|---|---|
| Art. 2,1 GG | Recht zur ______________ ______________ ______________ Dazu gehört im Wirtschaftsleben vor allem die ______________-freiheit. | Dieses Recht besteht **nur**, soweit **nicht** ______________ ______________ ______________ ______________ ______________ ______________ | § 1 GWB: **Verbot** von ______________ §§ 134, 138 BGB: **Nichtige Rechtsgeschäfte,** z. B. ______________ ______________ ______________ |
| Art. 9 GG | Abs. 1: Recht zur Gründung von ______________ und ______________-______________ Bezeichnung: ______________ recht. Wichtiger **Anwendungsfall** im wirtschaftlichen Bereich: ______________ ______________ | Abs. 2: **Verbot von Vereinigungen,** die ______________ ______________, z. B. ______________ ______________ | **Auflösung** der in Abs. 2 genannten Vereinigungen und **Bestrafung** ihrer Mitglieder. |
| Art. 12 GG | ______________- und ______________-______________freiheit | **Faktische Begrenzung**, z. B. durch ______________ ______________ | **Entzug von Arbeitslosengeld bzw. -hilfe** möglich, falls sich ein Arbeitsloser weigert, eine angebotene Stelle anzunehmen. |
| Art. 14 GG | Recht auf ______________ ______________ | Abs. 2: Eigentum ______________; Gebrauch zum Wohle der ______________ | Abs. 3: ______________ **zum Wohle der Allgemeinheit** zulässig (gegen ______________ ______________). |
| Art. 15 GG | X | X | ______________eigentum **(Vergesellschaftung)** möglich bei ______________ ______________ ______________ |
| § 1 GO | ______________freiheit | **Einschränkungen**, z. B. durch ______________ ______________ ______________ ______________ | Taxi, Gasthäuser: Entzug der ______________ möglich, außerdem können ______________ erteilt werden (z.B. Nachweis ausreichender Parkplätze bei Errichtung von Spielhallen). |

**Typische Systemelemente der ______________-wirtschaft (dirigistische Elemente)**

**Typische Systemelemente der ______________wirtschaft (liberale Elemente)**

**Vereinigung im ↓ System der . . .**

**______________ wirtschaft**

## ARBEITSAUFTRÄGE

1. Analysieren Sie die in der vorstehenden Übersicht angegebenen Grundgesetzartikel (2,1, 9, 12, 14, 15) und § 1 Gewerbeordnung in der Weise, dass Sie zunächst die gewährten Freiheitsrechte angeben (linke Spalte), danach die Einschränkungen dieser Freiheitsrechte herausarbeiten (mittlere Spalte) und schließlich mögliche staatliche Eingriffe (rechte Spalte) feststellen.
2. Ergänzen Sie danach noch den unteren Teil dieser Übersicht.

# 4.2 Stimmt die Konzeption der sozialen Marktwirtschaft mit Artikel 20 Grundgesetz überein?

## AUSGANGSSITUATION

**Ludwig Erhard: „Wie die Freiheit überhaupt von einer demokratischen Ordnung nicht wegzudenken ist, so ist sie auch von einem freiheitlichen wirtschaftlichen System nicht wegzudenken. Die Freiheit ist ein Ganzes und Unteilbares. Politische Freiheit, wirtschaftliche Freiheit und menschliche Freiheit hängen untrennbar zusammen."**[1]

## ARBEITSVORLAGE

| Ausgangsposition für die Beurteilung des Systems der sozialen Marktwirtschaft: → | **Artikel 20 Grundgesetz (GG):** „Die Bundesrepublik Deutschland ist ein demokratischer | und sozialer Bundesstaat." |
|---|---|---|
| Erschließungs- bzw. Leitfragen: ↓ | demokratischer | sozialer |
| ❶ ***Welche Zielsetzungen und Wertvorstellungen sind für dieses Gemeinwesen bestimmend?*** | Verwirklichung von ______<br>Voraussetzung: ______ für den einzelnen Bürger. | Verwirklichung von ______<br>______ und<br>______. |
| ❷ ***Was sagt das Grundgesetz über die wirtschaftlichen Betätigungs- bzw. Koalitionsmöglichkeiten des Einzelnen aus?*** | **Art. 2,1 GG:** ______<br>______ der Persönlichkeit. | **Art. 9,3 GG:**[2] Recht zur Bildung von<br>______<br>zum Schutz des wirtschaftlich Schwächeren (______recht). |
| ❸ ***Welche typischen Elemente beider Wirtschaftssysteme weist die Konzeption der sozialen Marktwirtschaft auf?*** | Einerseits<br>– ______<br>– ______<br>– ______<br>– ______<br>– ______ | Andererseits<br>– ______<br>– ______<br>______<br>– ______<br>______<br>– ______ |
| ❹ ***Wie erfolgt die Lenkung der Wirtschaft im System der sozialen Marktwirtschaft?*** | So weit wie **möglich** Lenkung durch den ______<br>______<br>______ | So weit wie **nötig** Lenkung durch<br>______<br>______<br>______ |
| ❺ ***Welche zwei Wirtschaftssysteme werden in der sozialen Marktwirtschaft miteinander verbunden?*** | **Elemente der** ______<br>______<br>______ | **Elemente der** ______<br>______<br>______ |

**Einzusetzende Begriffe:** Demokratie – dezentrale Planung – freie Entfaltung – freie Marktwirtschaft – freier Wettbewerb – Freiheit – Gewerkschaften (Monopole) – Gewinnstreben – Koalition – Markt-Preis-Mechanismus – Privateigentum – staatliche Eingriffe (Ausschaltung der Marktökonomie, z. B. Landwirtschaft) – staatliche Preisfestsetzung – Staatseigentum – Staatseingriffe in die Wirtschaft – soziale Bindung des Eigentums – soziale Gerechtigkeit – soziale Sicherheit – Vertragsfreiheit – Zentralverwaltungswirtschaft.

---

1 Ludwig Erhard, Widerstände und Hindernisse auf dem Wege zur sozialen Marktwirtschaft, in: Ordnungsprobleme der Wirtschaft, Wien 1957, S. 12

2 Art. 9,3 GG: „Das Recht, zur Wahrung und Förderung der Arbeits- und Wirtschaftsbedingungen Vereinigungen zu bilden, ist für jedermann und für alle Berufe gewährleistet. Abreden, die dieses Recht einschränken oder zu behindern suchen, sind nichtig, hierauf gerichtete Maßnahmen sind rechtswidrig."

## ARBEITSAUFTRÄGE UND FRAGEN ZUR STOFFERSCHLIESSUNG

1. Geben Sie die Erkenntnisse Ludwig Erhards über die Freiheit in eigenen Worten wieder.
2. Ergänzen Sie unter Verwendung der angegebenen Begriffe die vorstehende Arbeitsvorlage.
3. Was versteht man unter dem „Sozialstaatsprinzip“ bzw. „Sozialstaatsgebot“ des Grundgesetzes?

# 4.3 An welchen Grundsätzen ist die Wirtschaftspolitik in der sozialen Marktwirtschaft ausgerichtet?

## SACHDARSTELLUNG

### Die zweipolige konstitutive Basis der Wirtschaftspolitik

Die soziale Marktwirtschaft hat in Übereinstimmung mit dem Grundgesetz eine **zweipolige Basis:**

- einerseits die **freien und autonomen Entscheidungen der einzelnen Wirtschaftssubjekte und Gruppen (reine Marktökonomie),**
- andererseits die **Orientierung an Gemeinschaftsdaten und -zielen (Nichtmarktökonomie).**

Letztere löst von einer bestimmten Grenze an die individuellen Dispositionen ab. „Diese Polarität zwischen persönlicher Freiheit des Einzelnen und Gemeinschaftsorientierung, zwischen privaten und öffentlichen Interessen, zwischen Privatwirtschaftlichem und Sozialem kann – wie die Vergangenheit zeigt – die besondere Dynamik, die Lebensfähigkeit und Zukunftsträchtigkeit des Systems ausmachen.“[1]

**Jedwede Wirtschaftspolitik in der sozialen Marktwirtschaft** muss sich in diesem Spannungsfeld **zwischen dem Individual- und dem Sozialpol bewegen.** „Diese Spannungsfelder herauszuarbeiten und an Beispielen zu konkretisieren, dürfte die entscheidende **Aufgabe des Unterrichts** zum Thema ‚Wirtschaftsordnung der Bundesrepublik‘ sein.“[2]

## ARBEITSVORLAGE

| Lfd. Nr. | Spannungsfelder | Praktische Beispiele |
|---|---|---|
| 1 | **Konsumfreiheit – soziale Gebundenheit des Konsums** | Belastung der Allgemeinheit mit den Folgeschäden ungebundener Konsumfreiheit:<br>– Kosten für Entziehungskuren bei ____________<br>____________missbrauch<br>– ____________belastung durch Kohle- und Kernkraftwerke<br>– ____________ der Landschaft durch steigenden Wohnungskomfort<br>– ____________verschmutzung und ____________belästigung durch steigende Verkehrsdichte |
| 2 | **Eigentumsfreiheit – soziale Bindung der Eigentumsnutzung** | Einschränkungen der Eigentumsfreiheit durch<br>– ____________ der Arbeitnehmer in den Betrieben<br>– ____________ aus Gemeinwohlgründen und gegen Entschädigung<br>– ____________schutzgesetze |
| 3 | **Gewerbefreiheit – öffentliche Ordnung, Sicherheit, Hygiene** | – Eröffnung von jugendgefährdenden „Betrieben“, z. B. ____________<br>____________<br>– Verkauf von ____________- und ____________literatur<br>– Verleih von ____________- und ____________<br>____________ Filmen<br>– Ansiedlung „gefährlicher“ Betriebe, z. B. ____________<br>____________ |
| 4 | **Vertragsfreiheit – Verbraucherschutz** | – Verbot von ____________, um die Allgemeinheit vor Benachteiligungen durch Wettbewerbsbeschränkungen zu bewahren<br>– Ungültigkeit von einzelnen AGB-Klauseln[3]<br>Grund: ____________schutz |

1 F. Decker, Problemorientierte Wirtschaftslehre, Darmstadt 1978, S. 22
2 K. P. Kruber, Didaktische Konzeption „Wirtschaftsordnung der Bundesrepublik Deutschland“, in: Wirtschaft und Gesellschaft im Unterricht, Heft 1, Januar 1983, S. 6 ff.
3 § 305 ff. BGB „Gestaltung rechtsgeschäftlicher Schuldverhältnisse durch Allgemeine Geschäftsbedingungen“

| Lfd. Nr. | Spannungsfelder | Praktische Beispiele |
|---|---|---|
| 5 | **Berufsfreiheit und freie Wahl des Arbeitsplatzes – Eigentumsfreiheit der Unternehmer** | ______________________<br>______________________<br>______________________<br>______________________<br>______________________ |

## ARBEITSAUFTRAG

Ergänzen Sie im Unterrichtsgespräch mit Ihrem BWL-Lehrer die vorstehende Arbeitsvorlage. **Einzusetzende Begriffe:** Alkohol – Atomkraftwerke – Bordelle – Chemiefabriken – Drogen – Enteignung – gewaltverherrlichend – Kartelle – Lärm – Luft – Mieter – Mitbestimmung – Nikotin – Peepshows – pornografisch – Schmutz – Schund – Tabletten – Umwelt – Verbraucher – Zersiedelung.

# 4.4 Welche allgemein gültigen Erkenntnisse lassen sich über das Verhältnis von Grundgesetz und sozialer Marktwirtschaft gewinnen?

## ARBEITSVORLAGE

**(1) Das Grundgesetz** spricht sich eindeutig/nicht eindeutig[1] für ein bestimmtes Wirtschaftssystem aus, d. h., es ist wirtschaftspolitisch eindeutig festgelegt/neutral[1]. Die Verfassung steckt lediglich einen ______________ ab und überlässt die konkrete Ausgestaltung der Wirtschaftsordnung dem (wem?) ______________________ . Die Väter des Grundgesetzes hatten ein bestimmtes Menschenbild, jedoch nicht eine bestimmte ______________________ vor Augen.

**(2) Die gegenwärtige Wirtschafts- und Sozialordnung** ist die einzig mögliche Ordnungen/nur eine von mehreren möglichen Ordnungen[1]. Grundsätzlich stehen mit dem Grundgesetz alle die Wirtschaftsordnungen im Einklang, denen der Gedanke der ______________ und der ______________________ zugrunde liegt. Lediglich die theoretischen Extremformen der ______________________ und der totalen ______________ - ______________ liegen (wo?) ____________ dieses Rahmens. (Beachten Sie hierzu insbesondere Art. 2, 14 und 20 GG.)

**(3) Auch Wirtschaftslenkungsmaßnahmen des Staates,** selbst wenn sie die Selbststeuerungskräfte des Marktes beeinträchtigen oder gänzlich aufheben, widersprechen/widersprechen nicht[1] nach herrschender Auffassung den Grundgesetzartikeln.

**(4) Das Grundgesetz** gewährt ____________freiheit, erlaubt also die Bildung von Arbeitnehmer- und Arbeitgeberorganisationen (Monopolen). Neben ____________eigentum, das stets ______________________ ist, ermöglicht das GG auch ______________eigentum (Staats- oder Volkseigentum). Es verbietet den Missbrauch der ____________freiheit und somit auch Wettbewerbsbeschränkungen, z. B. durch ____________bildung.

**(5) Das Menschenbild,** das dem Grundgesetz zugrunde liegt, sieht den Einzelnen eingebunden in die Spannung zwischen Individuum und Gemeinschaft. Ohne den besonderen Eigenwert der Person antasten zu wollen, wird jedoch ausdrücklich deren ______________bezogenheit und ______________gebundenheit betont.

1 Nichtzutreffendes streichen.

## ARBEITSAUFTRAG

Ergänzen Sie die vorstehende Arbeitsvorlage.

**Einzusetzende Begriffe:** außerhalb – Freiheit – Gemein – Gemeinschaft (2x) – Gesetzgeber – Kartell – Koalition – privat – Rahmen – reine Marktwirtschaft – sozial gebunden – Sozialpflichtigkeit – Vertrag – Wirtschaftsordnung – Zentralverwaltungswirtschaft.

## 4.5 Aufgaben zur Lernzielkontrolle und Sicherung des Lernerfolgs

**1.** Welche der folgenden Feststellungen, die das **Verhältnis von Grundgesetz und Wirtschaftsordnung** betreffen, ist **falsch?**

a) Nach dem Grundgesetz wäre die Einführung einer freien Marktwirtschaft mit einem sog. „Nachtwächterstaat“ nicht möglich.

b) Das Grundgesetz spricht sich eindeutig für eine bestimmte Wirtschafts- und Sozialordnung aus, und zwar für die soziale Marktwirtschaft.

c) Nach dem Grundgesetz könnte auch eine gemäßigte Form der Zentralverwaltungswirtschaft in der Bundesrepublik Deutschland eingeführt werden.

d) Das Grundgesetz steckt lediglich einen Rahmen ab und überlässt die konkrete Ausgestaltung der Wirtschaftsordnung dem Gesetzgeber.

e) Die Einführung einer extremen Zentralverwaltungswirtschaft ohne Konsum- und Produktionsfreiheit und ohne privates Eigentum wäre nach dem Grundgesetz nicht möglich.

**2.** Welche der folgenden Aussagen über das **Verhältnis von Grundgesetz und Wirtschaftsordnung** ist **falsch?**

a) Das Grundgesetz ist wirtschaftspolitisch neutral, d. h., es ist nicht auf eine bestimmte Wirtschaftsordnung fixiert.

b) Durch das Grundgesetz werden alle Wirtschaftsordnungen abgedeckt, denen der Gedanke der Freiheit und der Sozialpflichtigkeit zugrunde liegt.

c) Der Verfassungsgeber hat sich nicht ausdrücklich für die Marktwirtschaft entschieden.

d) Die Einführung einer reinen Marktwirtschaft würde u. a. an der im Artikel 14 Abs. 2 und 20 Abs. 1 GG verankerten Sozialpflichtigkeit des Eigentums scheitern.

e) Durch das Grundgesetz werden sämtliche Formen von Wirtschaftsordnungen abgedeckt, auch wenn überhaupt kein Privateigentum gewährleistet ist.

**3.** Welche der folgenden **Aussagen zur sozialen Marktwirtschaft** ist **falsch?**

a) Die Bezeichnung „soziale Marktwirtschaft“ ist im Grundgesetz überhaupt nicht erwähnt.

b) Die soziale Marktwirtschaft ist nicht eine idealtypische, sondern eine realtypische Wirtschaftsordnung.

c) Das Grundgesetz steckt lediglich den Ordnungsrahmen ab, den der Gesetzgeber und die Wirtschaftssubjekte bei der Ausgestaltung der Wirtschaftsordnung zu beachten haben.

d) Der Staat greift nicht unmittelbar in das Wirtschaftsgeschehen ein, sondern überlässt das wirtschaftliche Geschehen dem freien Spiel der Kräfte.

e) Die Wirtschaftsordnung der Bundesrepublik Deutschland basiert weitgehend auf den Erkenntnissen neoliberaler Wirtschaftstheoretiker.

**4.** In den **Artikeln 14 und 15 des Grundgesetzes** wird das Eigentum geregelt. Welche der folgenden Aussagen hierzu ist **falsch?**

a) Das Grundgesetz lässt Gemeineigentum an Grund und Boden sowie an den Naturschätzen zu.

b) Es ist zulässig, Privateigentum zum Wohle der Allgemeinheit und gegen Entschädigung zu enteignen.

c) Nach dem Grundgesetz muss der Gebrauch des Privateigentums dem Wohl der Allgemeinheit dienen (Sozialpflichtigkeit des Eigentums).

d) Nach dem Grundgesetz ist Gemeineigentum an den Produktionsmitteln nicht möglich.

e) Jede Form des Eigentums wird gewährleistet, somit auch Eigentum an den Produktionsmitteln.

**5.** Welche der folgenden Aussagen zum Eigentum gilt **nicht** für die **soziale Marktwirtschaft?**

a) Neben Privateigentum gibt es auch Staatseigentum.

b) Für das Privateigentum besteht Sozialbindung.

c) Enteignung ist nur gegen Zahlung einer Entschädigung möglich.

d) Nach dem Grundgesetz wäre die Verstaatlichung ganzer Industriezweige (Stahl, Werften, Banken, Versicherungen) möglich.

e) Privateigentum kann uneingeschränkt vererbt werden.

**6.** Welche der folgenden **Aussagen zu den Wesensmerkmalen der sozialen Marktwirtschaft** ist **falsch?**

a) Der Staat hat in der sozialen Marktwirtschaft eine verhältnismäßig starke Stellung, da er als Gestalter der Wirtschafts- und Gesellschaftspolitik fungiert.

b) Die soziale Marktwirtschaft ist eine staatlich gelenkte, an sozialen Zielen orientierte Marktwirtschaft, in der wichtige freiheitliche Prinzipien verwirklicht sind.

c) In der Konzeption der sozialen Marktwirtschaft wird versucht, die Vorteile des marktwirtschaftlichen und des zentralverwaltungswirtschaftlichen Systems zu nutzen und deren Nachteile zu vermeiden.

d) Geistige Grundlage der sozialen Marktwirtschaft ist der Individualismus, der den Einzelinteressen absoluten Vorrang vor dem Gemeinwohl einräumt.

e) Die soziale Marktwirtschaft ist ein dritter Weg zwischen uneingeschränkter Freiheit und zentraler Planung.

**7.** Welche der folgenden wirtschaftspolitischen Maßnahmen des Staates zielt insbesondere darauf ab, **die Chancengleichheit** als Voraussetzung für die Teilnahme am Leistungswettbewerb zu **sichern?**

a) Verbot von Kartellen

b) Gewährleistung des uneingeschränkten Erbrechts

c) Staatliche Studienförderung für sozial Schwache

d) Aufhebung der sozialen Bindung des Eigentums

e) Ermöglichung der beliebigen inhaltlichen Ausgestaltung von Verträgen

**8.** Weshalb könnte in der Bundesrepublik Deutschland eine **freie Marktwirtschaft** in Reinkultur (sog. Laissez-faire-Wirtschaft) **nicht eingeführt** werden **(Falschangabe anstreichen)?**

a) Im Grundgesetz ist das Eigentum sozial gebunden.

b) Das Grundgesetz gewährt Koalitionsfreiheit, erlaubt also die Bildung von Gewerkschaften und Arbeitgeberverbänden (Monopolen).

c) Das Grundgesetz verpflichtet den Staat zur Globalsteuerung und Investitionslenkung der Wirtschaft.

d) Das Grundgesetz verbietet den Missbrauch der Vertragsfreiheit und somit auch Wettbewerbsbeschränkungen (Kartellbildungen).

e) Das Grundgesetz ermöglicht neben dem Privateigentum auch Gemeineigentum (Staatseigentum).

# 5 Soziale Marktwirtschaft als Wettbewerbswirtschaft (wirtschaftstheoretische Komponente)

## 5.1 Was versteht man unter „Wettbewerb“ bzw. „Leistungswettbewerb“?

### AUSGANGSSITUATION

„Alles war so schön bequem geregelt und nun sollen wir wieder auf die grässliche Aschenbahn und laufen und kämpfen und Wettbewerb durchstehen.“ Karikatur: Jupp Wolter

„Hallo! Hallo! Ist da überhaupt noch jemand?“ Karikatur: Klaus

### SACHDARSTELLUNG

#### 1. Der Wettbewerb als eine der drei Säulen der sozialen Marktwirtschaft

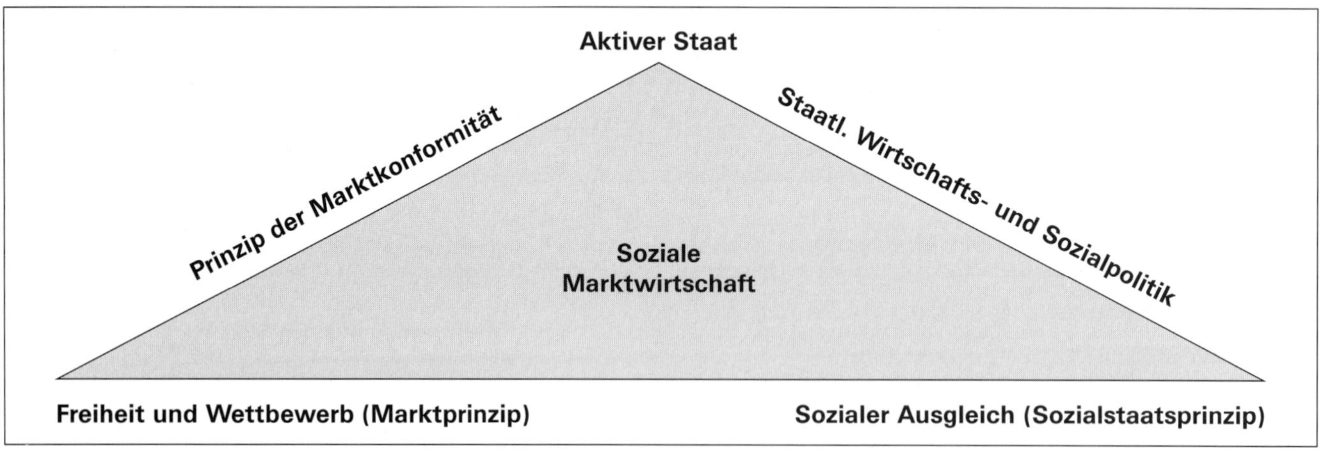


„Oft wird auch gesagt, das als **‚Marktwirtschaft‘** bezeichnete Wirtschaftssystem der Bundesrepublik Deutschland könne man **ebenso gut ‚Wettbewerbswirtschaft‘ nennen. ‚Wettbewerb‘** ist also im Bereich der Wirtschaft ein **sehr wichtiger Sachverhalt.** [. . .]“[1]

**Es gibt keine Marktwirtschaft ohne Wettbewerb. Wettbewerb ist das eigentliche Lebenselement[2] der Marktwirtschaft. Marktwirtschaft ist somit immer zugleich Wettbewerbswirtschaft.** „Man hebt eine freie wirtschaftliche Ordnung auf, wenn man den Leistungswettbewerb unterbindet. [. . .]“[3] (Ludwig Erhard)

---

1 P. Mattes/M. Schopf, Lernbuch Volkswirtschaft, Darmstadt 1995, S. 61
2 Jürgen Pätzold bezeichnet den **Wettbewerb** als das **„Lebenselixier der Marktwirtschaft“.** Informationsstelle Wirtschaft Baden-Württemberg (ISW) (Herausgeber), Soziale Marktwirtschaft – Konzeption, Entwicklung und Zukunftsaufgaben von J. Pätzold, 3. Aufl., Stuttgart 1991, S. 11
3 L. Erhard, Zur Kartellfrage – Zehn Thesen zur Verteidigung der Verbotsgesetzgebung, in: Wirtschaft und Wettbewerb (WuW), Monatszeitschrift, 1952, 2. Jg., S. 733

## 2. Der Wettbewerb als allgemein anerkanntes Lenkungsinstrument (Regulativ) unserer Wirtschaft

**Die fundamentale Bedeutung des Wettbewerbs** wird von allen für das Funktionieren unseres Wirtschaftssystems verantwortlichen Kräften gesehen. So heißt es beispielsweise in der **„Regierungserklärung des 4. Kabinetts Adenauer“** vom 29. Nov. 1961: „Die Bundesregierung wird den Leistungswettbewerb weiter fördern.“[1] Der ehemalige **Präsident des Bundeskartellamts** in Berlin, E. Günther, fordert: „... so viel Leistungswettbewerb wie möglich“.[2] Auch Unternehmerverbände bekennen sich mit Nachdruck zum Wettbewerb: „Die Marktwirtschaft braucht einen wirkungsvollen Leistungswettbewerb.“[3] Der **Deutsche Gewerkschaftsbund** fordert in seinem Grundsatzprogramm von 1963 „die Mobilisierung des Wettbewerbs“.[4] Die **SPD** weist in ihrem Godesberger Grundsatzprogramm von 1959 den freien Wettbewerb und die Unternehmerinitiative als „wichtige Elemente sozialdemokratischer Wirtschaftspolitik“ aus.[5]

**Trotz dieser uneingeschränkten Anerkennung des Wettbewerbs** als dem entscheidenden Regulativ unserer Wirtschaft kann beim intensiven Studium der Marktwirtschaftstheorie eine paradoxe Feststellung getroffen werden: „Erstaunlicherweise schreiben ... die meisten modernen Theoretiker über den Wettbewerb, ohne ihn zu definieren, wahrscheinlich weil sie der Meinung sind, dass die Bedeutung dieses Begriffs auf der Hand liege.“[6]

## 3. Wesensmerkmale des Wettbewerbs

Eine **allgemeine, das ganze Wesen umfassende Definition des Begriffs Wettbewerb** gibt es **nicht.** Offensichtlich sind die realen **Erscheinungsformen** dieses Phänomens so **vielfältig,** dass sie eine **eindeutige Begriffsfassung unmöglich** machen. Denn **Wettbewerb** gibt es **nicht nur im Bereich der Wirtschaft,** sondern **auch in zahlreichen anderen menschlichen Lebensbereichen.**

**Beispiele für außerökonomische Wettbewerbe** sind sportliche Wettkämpfe, Schönheitskonkurrenzen, Offensiven im Bereich der Forschung und Entwicklung, Musikwettbewerbe, politische Veranstaltungen (z. B. Kandidatenkür), aber auch banale Prestigekämpfe (z. B. zwischen Nachbarn um das schönere Auto bzw. Eigenheim), Blumenschmuckwettbewerbe in Dörfern und Siedlungen, Prämierung von Weinen und landwirtschaftlichen Produkten, Prämierung von Rassehunden.

Auch die **Begriffsbestimmungen des Marktwettbewerbs** sind **nicht einheitlich,** denn je nach Sichtweise des jeweiligen Verfassers werden **unterschiedliche Begriffsmerkmale hervorgehoben.**

Im Mittelpunkt der **betriebswirtschaftlichen Begriffsbestimmungen** steht der alltägliche **Kampf der Anbieter um die Kunden** und der **Leistungsdruck,** der vom Wettbewerb auf die Anbieter ausgeübt wird. Der Kampf um den Absatzmarkt wird geführt durch den **Einsatz von Marketinginstrumenten.** Dazu zählen die Preisgestaltung, die Konditionen (Lieferungs- und Zahlungsbedingungen), die Produktgestaltung, die Programm- und Sortimentsgestaltung, der Kundendienst (Service), die Absatzwege und -kanäle, die Werbung und Öffentlichkeitsarbeit und die Maßnahmen zur Verkaufsförderung.

Der **volkswirtschaftliche Wettbewerbsbegriff** stellt demgegenüber mehr auf die **Funktionen des Wettbewerbs** im System der Marktwirtschaft ab, so beispielsweise auf die Lenkungsfunktion der Preise. Erörtert werden die einzelnen **gesamtwirtschaftlichen Funktionen des Wettbewerbs** im Zusammenhang mit der **Darstellung des „funktionsfähigen Wettbewerbs“ im folgenden Abschnitt.**

Der **Wettbewerbsbegriff des Gesetzes gegen den unlauteren Wettbewerb (UWG)** stellt den **Leistungsgedanken** in den Vordergrund. Es wird auf die Notwendigkeit der Förderung des Absatzes mit den **Mitteln der eigenen Leistung** (z. B. Preisunterbietung, Qualitätssteigerung) verwiesen. **Verboten** ist nach dem UWG der Wettbewerb mit unlauteren Mitteln, so der **Behinderungs-, Verdrängungs- und Vernichtungswettbewerb.**

Der Gegenbegriff zum **Wettbewerb im Sinne des Gesetzes gegen Wettbewerbsbeschränkungen (GWB)** ist die **Marktmacht.** Wo sie vorherrscht, kann es **keinen Wettbewerb** geben, weil Konkurrenz annähernd gleiche Startchancen voraussetzt. Anders als das **UWG,** das die **Qualität des Wettbewerbs** sichern soll, zielt das **GWB** darauf ab, den **Umfang** und die **Intensität des Wettbewerbs** zu gewährleisten. Erreicht werden soll dieses Ziel mit den Mitteln eines grundsätzlichen **Kartellverbots,** der **Fusionskontrolle** und der **Missbrauchaufsicht** über marktbeherrschende Unternehmen.

## ARBEITSAUFTRÄGE

1. Interpretieren Sie die beiden Karikaturen der Ausgangssituation.
2. Auf welchen drei Säulen ruht das „Gebäude der sozialen Marktwirtschaft“?
3. Nennen Sie Beispiele für die allgemeine Anerkennung des Wettbewerbs als Lenkungsinstrument (Regulativ) unserer Wirtschaft.
4. Nennen Sie Beispiele für Formen des außerökonomischen Wettbewerbs.
5. Nennen Sie drei Wesensmerkmale des betriebswirtschaftlichen Wettbewerbsbegriffs (Zielsetzungen, Wirkungen, eingesetzte Mittel).
6. Arbeiten Sie die Unterschiede zwischen dem Wettbewerbsbegriff des UWG und des GWB heraus.

---

1 Regierungserklärung des 4. Kabinetts Adenauer vom 29. November 1961, in: Deutsche Politik 1961, Tätigkeitsbericht der Bundesregierung, hrsg. von dem Presse- und Informationsdienst der Bundesregierung, Bonn 1961, S. 17
2 E. Günther, Das Gesetz gegen Wettbewerbsbeschränkungen im Rahmen der deutschen Wirtschaftspolitik, in: Wirtschaft und Wettbewerb, Monatsschrift, 1960, 10. Jg., S. 754
3 Landesverband der Bayerischen Industrie, Die Ordnung des Wettbewerbs – Eine Stellungnahme der Bayerischen Wirtschaft zur Kartellgesetzgebung, o. O. 1954, S. 8
4 Deutscher Gewerkschaftsbund, Grundsatzprogramm, beschlossen auf dem Außerordentlichen Bundeskongress des Deutschen Gewerkschaftsbundes am 21. und 22. Nov. 1963 in Düsseldorf, als Manuskript gedruckte Vervielfältigung, hrsg. vom Bundesvorstand des Deutschen Gewerkschaftsbundes, Köln-Deutz (1963), S. 6
5 Aktionsprogramm der Sozialdemokratischen Partei Deutschlands, beschlossen auf dem Dortmunder Parteitag am 28. September 1952, in: Programme der deutschen Sozialdemokratie, Sonderdruck, Hannover 1963, S. 142
6 L. Abbott, Qualität und Wettbewerb, München und Berlin 1958, S. 111 f.

## 5.2 Welche Erscheinungsformen des Wettbewerbs gibt es?

### SACHDARSTELLUNG

**1.** Unterscheidung der Wettbewerbsformen **nach den eingesetzten Wettbewerbsmitteln** (Leistung/Nichtleistung)

**a) Leistungswettbewerb**

- Preiswettbewerb
- Nichtpreiswettbewerb
  - Qualitätswettbewerb, z. B. durch Qualitätsverbesserung der Produkte
  - Produktwettbewerb, z. B. durch Schaffung neuer Produkte, Stylingverbesserungen bei eingeführten Produkten
  - Konditionenwettbewerb, z. B. durch Lieferungs- und Zahlungsbedingungen, Serviceleistungen als Wettbewerbsmittel

**b) Nichtleistungswettbewerb**

Es handelt sich hierbei um Wettbewerb, der überwiegend durch Gesetz und Rechtsprechung verboten ist. Hierzu zählen:

- der Behinderungswettbewerb
- der Verdrängungswettbewerb
- der Vernichtungswettbewerb

**2.** Unterscheidung der Wettbewerbsformen **nach ihrem Realitätsbezug**

**a) Modelltheoretischer Wettbewerb (Wettbewerb im Modell des vollkommenen Marktes)**

- **Funktionsbedingungen für das Modell des vollkommenen Marktes:**
  - Vielzahl von Anbietern und Nachfragern auf beiden Marktseiten (Marktform des vollkommenen bzw. vollständigen Wettbewerbs oder der vollkommenen bzw. vollständigen Konkurrenz);
  - völlige Machtlosigkeit der Marktteilnehmer;
  - der Preis fungiert als Datum, d. h., er kann von den Marktteilnehmern nicht beeinflusst werden;
  - Homogenität (völlige Gleichartigkeit) der Güter;
  - vollkommene Markttransparenz, d. h. lückenloser Informationsstand der Marktteilnehmer über alle entscheidungsrelevanten Daten;
  - rein rationales Verhalten der Marktteilnehmer, d. h., sie haben weder sachliche, räumliche noch zeitliche Präferenzen;
  - vollkommene Mobilität der Produktionsfaktoren und freier Marktzugang;
  - unendlich schnelle Reaktion der Marktteilnehmer auf Datenänderungen.

**b) Funktionsfähiger Wettbewerb („unvollkommener Wettbewerb")**

- **Begriff:** Es handelt sich um Wettbewerb, der daran gemessen wird, „inwieweit er in der Lage ist, wirtschafts- und gesellschaftspolitische Funktionen zu erfüllen".[1]
- **Aufgaben (Funktionen)**[2]**:** Inwieweit „funktionsfähiger" Wettbewerb vorliegt, entscheidet sich daran, ob er in der Lage ist, folgende Aufgaben zu erfüllen:
  - Verteilung der Einkommen entsprechend der Marktleistung **(Verteilungsfunktion);**
  - Lenkung der Produktionsfaktoren an die Stellen, wo sie am produktivsten eingesetzt werden können **(Lenkungsfunktion);**
  - Aussonderung von wenig leistungsfähigen Unternehmen und von unrentablen Produktionsverfahren aus dem Produktionsprozess **(Auslesefunktion);**
  - Sicherung einer hohen Produktivität durch Förderung des technischen Fortschritts **(Wohlstandssteigerungsfunktion);**
  - Schaffung von Anreizen zur Kostensenkung (Gewinnsteigerung) und Einführung neuer Produkte (Innovationen) **(Anreizfunktion);**
  - Sicherung der Konsumentensouveränität, d. h., die Nachfrager bestimmen die Art und die Menge der zu produzierenden Güter **(Lenkungsfunktion);**
  - Sicherung eines Mindestmaßes an Markttransparenz, um eine Übervorteilung der Konsumenten zu verhindern **(Machtausgleichsfunktion).**
- **Beurteilungskriterium** für das Funktionieren des Wettbewerbs ist die Güterversorgung der Bevölkerung, letztendlich also der wirtschaftliche Wohlstand der Gesamtbevölkerung einer Volkswirtschaft.
- **Problem:** Fraglich bleibt, ob es gelingt, die Bedingungen für dieses Wettbewerbskonzept überprüfbar zu machen.

**c) Das Konzept der gegengewichtigen Marktmacht (Countervailing-Konzept)**

- **Aussagen:** Nach Galbraith kann die Marktmacht eines marktbeherrschenden Unternehmens dadurch neutralisiert werden, dass ihm eine entsprechende **Gegenmacht** entgegengestellt wird. Das kann in der Weise geschehen, dass einem marktbeherrschenden Anbieter ein ebensolcher Nachfrager gegenübergestellt wird oder dass sich die schwächeren Mitanbieter zusammenschließen.
- **Zielsetzungen:** Das Countervailing-Konzept versucht den Marktmachtmissbrauch zu verhindern und eine Quasiwettbewerbssituation aufzubauen, zugleich sollen die Vorteile der Großunternehmen (Massenproduktion, hohes technisches Niveau der Produktion, Kapitalkraft, ausgebaute Forschungs- und Entwicklungsarbeit, bessere Abwehrmöglichkeiten bei ausländischer Konkurrenz, geringere Konjunkturanfälligkeit usw.) erhalten bleiben.
- **Problem:** Fraglich ist, ob gegengewichtige Marktteilnehmer nicht versuchen werden ihr Konkurrenzverhalten alsbald durch verstärkte Kooperation zu ersetzen.

1 F. Pilz, Das System der Sozialen Marktwirtschaft – Politisch-ökonomische Grundlegung der Konzepte, Prinzipien und Strategien, 2. Aufl., München 1981, S. 71 f.
2 Vergleichen Sie hierzu auch die Ausführungen im Abschnitt 5.6 über die Funktionen des Preises im System der Marktwirtschaft.

## ARBEITSVORLAGE

**Übersicht:**

**WETTBEWERBSFORMEN**

① unterschieden nach den im Wirtschaftsleben eingesetzten Mitteln

**Leistungs-wett-bewerb**

| Unterformen: | | |
|---|---|---|
| ● Preiswettbewerb | | |
| ● ____________wettbewerb | | |
| ____________-wettbewerb | ____________-wettbewerb | ____________-wettbewerb |

**____________-____________-wett-bewerb**

| Unterformen: | | |
|---|---|---|
| ____________-____________-wettbewerb | ____________-____________-wettbewerb | ____________-____________-wettbewerb |

② unterschieden nach der Marktstellung (Machtposition) der Marktteilnehmer

**Modell-theoretischer Wettbewerb**

| Prämissen: |
|---|
| – |
| – |
| – |
| – |
| – |
| – |
| – |
| – |

**____________-____________ Wett-bewerb**

| Aufgaben: |
|---|
| – |
| – |
| – |
| – |
| – |
| – |
| – |

**____________ ____________ ____________ ____________**

| Entstehung durch … |
|---|
| – |
| – |
| **Zielsetzungen:** |
| – |
| – |
| **Problem:** |
| |
| |

## ARBEITSAUFTRAG

Ergänzen Sie nach eingehender Beschäftigung mit den verschiedenen Erscheinungsformen des Wettbewerbs die oben stehende Übersicht.

## 5.3 Wie bildet sich der Gleichgewichtspreis im Modell des vollkommenen Marktes bei vollständiger Konkurrenz?

### AUSGANGSSITUATION

**Auf dem Wochenmarkt einer hessischen Kreisstadt werden Eier der Handelsklasse A gehandelt. Je nachdem wie hoch der Stückpreis ist, werden folgende Mengen Eier angeboten, nachgefragt und umgesetzt:**

### ARBEITSVORLAGE

| Preis pro Stück in Euro | Angebotsmenge in Stück (A) | Nachfragemenge in Stück (N) | Marktlage | Verkaufte Menge (Absatz) in Stück | Angebotsüberschuss (Stück) | Nachfrageüberschuss (Stück) |
|---|---|---|---|---|---|---|
| 1 | 2 | 3 | 4 | 5 | 6 | 7 |
| 0,13 | 1 000 | 6 400 | A < N | 1 000 | – | 5 400 |
| 0,14 | 2 000 | 5 600 | | | | |
| 0,15 | 3 000 | 4 800 | | | | |
| 0,16 | 4 000 | 4 000 | | | | |
| 0,17 | 5 000 | 3 200 | | | | |
| 0,18 | 6 000 | 2 400 | | | | |
| 0,19 | 7 000 | 1 600 | | | | |
| 0,20 | 8 000 | 800 | | | | |

Es wird vorausgesetzt, dass die Bedingungen des vollkommenen Marktes annähernd gegeben sind.

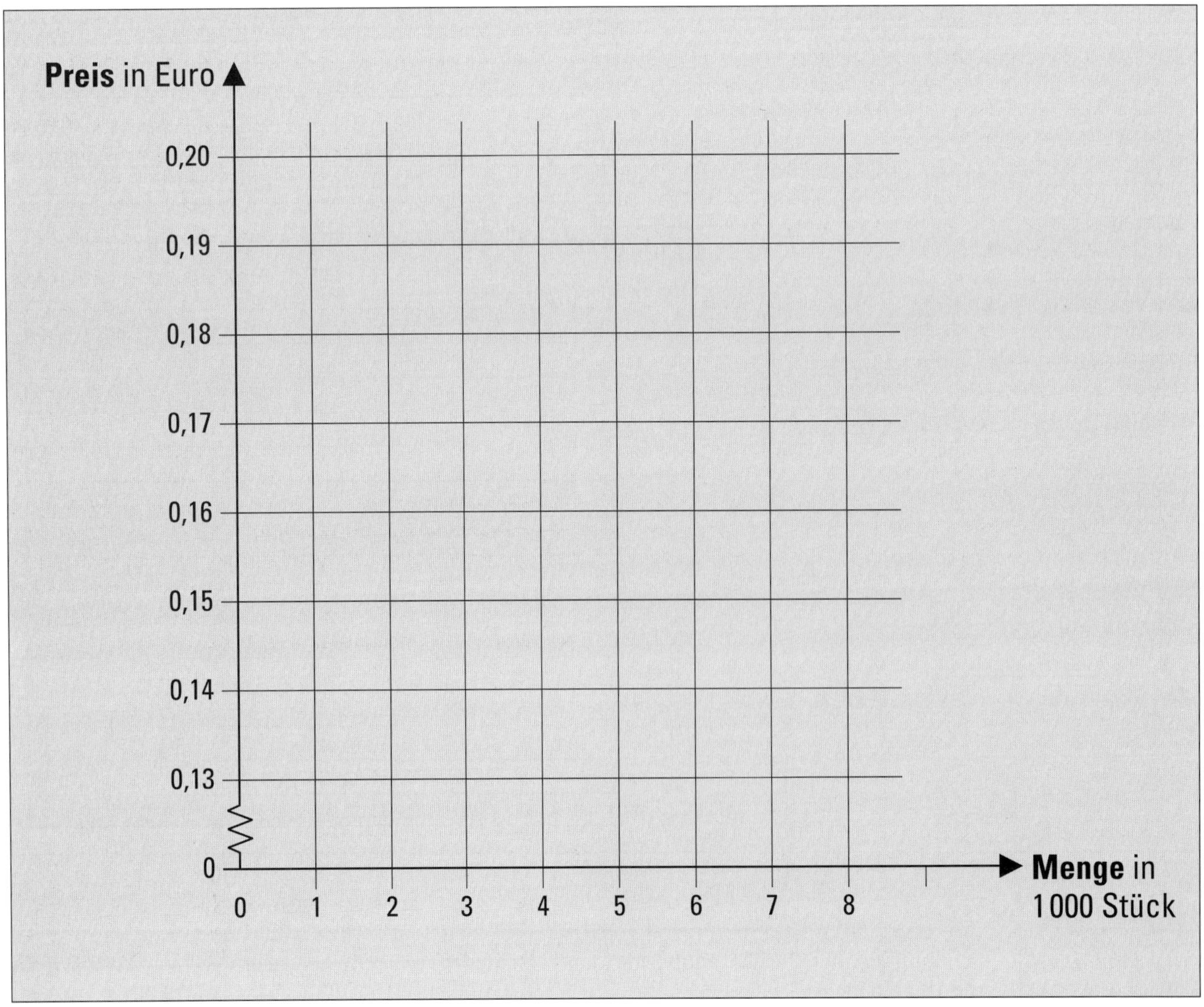

## ARBEITSAUFTRÄGE UND FRAGEN ZUR STOFFERSCHLIESSUNG

1. Ergänzen Sie die vorstehende Tabelle.
2. Zeichnen Sie in das vorstehende Koordinatensystem die Angebots- und Nachfragekurve entsprechend den Zahlenangaben in der Tabelle ein.
3. Ermitteln Sie den Gleichgewichtspreis und die Gleichgewichtsmenge
   a) tabellarisch,
   b) grafisch.
4. Kennzeichnen Sie die Marktsituation bei einem Preis von 0,14 Euro und von 0,18 Euro je Ei. Zu verwendende Fachbegriffe: Angebots-/Nachfrageüberhang bzw. -lücke.
5. Beantworten Sie noch folgende Fragen:
   a) Welche drei Merkmale kennzeichnen den Gleichgewichtspreis?
   b) Was lässt sich über die Umsatzentwicklung bei steigenden Eierpreisen sagen?
   c) Was versteht man unter einer Angebotslücke bzw. unter einem Nachfrageüberhang?
   d) Wie kommt es aus der in c) beschriebenen Situation heraus zum Marktgleichgewicht?
   e) Was versteht man unter einem Angebotsüberhang bzw. unter einer Nachfragelücke?
   f) Wie kommt es aus der in e) beschriebenen Situation heraus zum Marktgleichgewicht?
   g) Was haben Marktungleichgewichte mit Begriffen wie Käufer- oder Verkäufermarkt zu tun?
6. Welche Marktbedingungen müssen gegeben sein, damit die aufgezeigten Gesetzmäßigkeiten eintreten?

# 5.4 Wie funktioniert der Markt-Preis-Mechanismus?

## SACHDARSTELLUNG

**Am besten funktioniert** dieser Mechanismus, wenn die **Marktform der vollständigen Konkurrenz** und die Bedingungen des **vollkommenen Marktes** gegeben sind. Dann ist der **Marktanteil der einzelnen Unternehmen so gering,** dass sie den auf dem Markt sich bildenden **Gleichgewichtspreis nicht beeinflussen können.** Sie müssen also **den Preis als Datum,** d. h. als **unabänderliche Größe,** hinnehmen. Absatzpolitik kann ein solches Unternehmen nur insoweit treiben, als es die **Angebotsmenge** an die Gegebenheiten des Marktes, insbesondere den Marktpreis, **anpasst** (sog. **Mengenanpasser**).

**Ist das Angebot größer als die Nachfrage** ($M_A > M_N$), besteht also ein **Angebotsüberhang** bzw. eine **Nachfragelücke,** so werden die **Preise so lange sinken, bis Angebot und Nachfrage identisch** sind. Ist hingegen das **Angebot kleiner als die Nachfrage** ($M_A < M_N$), besteht also eine **Angebotslücke** bzw. ein **Nachfrageüberhang,** so werden die **Nachfrager** die **Preise in die Höhe treiben,** und zwar so lange, bis Angebot und Nachfrage miteinander übereinstimmen.

Hieraus wird deutlich, dass **Marktungleichgewichte** (Angebot > oder < Nachfrage) **Preisänderungen bewirken. Andererseits** wirken sich **geänderte Preise** wiederum **auf Angebot und Nachfrage aus. Steigende Preise** veranlassen bekanntlich die Produzenten **mehr zu produzieren; fallende Preise** hingegen **mindern** die **Gewinnaussichten** der Unternehmer. Deshalb werden **bei sinkenden Preisen** die **Investitionen vermindert,** das **Angebot sinkt.**

**Angebot, Nachfrage und Preis wirken** also **wechselseitig aufeinander ein.** Durch das **Zusammenspiel dieser drei Größen** wird das **Marktgleichgewicht** herbeigeführt. Man bezeichnet diesen **Prozess der wechselseitigen Beeinflussung** als **Markt-Preis-Mechanismus.** Er ist **das Herzstück jeder Marktwirtschaft.**

Kann ein Unternehmen **mit dem jeweiligen Marktpreis langfristig** seine **Produktionskosten nicht decken,** so muss es seine **Produktion einstellen.** Einen **Gewinn** kann der Unternehmer also nur dann erzielen, wenn seine **Selbstkosten unter** dem jeweiligen **Marktpreis** liegen.

Würde ein Unternehmen einen **Preis verlangen,** der **über dem Marktpreis liegt,** so würde es **alle seine Kunden an die Konkurrenz verlieren.** Unter der Voraussetzung vollständiger Markttransparenz, unendlich schneller Reaktionsgeschwindigkeit und rationalen Kaufverhaltens kaufen die Nachfrager in diesem Fall allesamt **bei günstiger anbietenden Konkurrenten.**

Ergäbe sich auf einem Markt ein Preis, der die **Erzielung überdurchschnittlicher Gewinne** ermöglichen würde, so würden die bereits auf dem Markt befindlichen Unternehmen sofort ihr **Angebot vergrößern.** Da auf dem **vollkommenen Markt keinerlei Zugangsbeschränkungen** bestehen, würde dieser Prozess durch **neu hinzukommende Unternehmen** noch **verstärkt** werden.

**Je geringer die Zahl der Marktteilnehmer** auf beiden Marktseiten ist und je weniger die Bedingungen des vollkommenen Marktes vorherrschen, desto eher ist es einem Unternehmen möglich, **monopolistische Marktpositionen** aufzubauen und auf diese Weise den **Markt-Preis-Mechanismus auszuschalten.** Wenn also die **Funktionsfähigkeit des Markt-Preis-Mechanismus** gewährleistet sein soll, muss der **Staat** durch **entsprechende Gesetze und Maßnahmen (Rahmenbedingungen)** dafür sorgen, dass die Voraussetzungen der vollständigen Konkurrenz und des vollkommenen Marktes bestmöglich erfüllt werden.

## ARBEITSAUFTRÄGE UND FRAGEN ZUR STOFFERSCHLIESSUNG

1. Lesen Sie den obigen Text mehrmals aufmerksam durch. Falls Ihnen eine Aussage nicht klar ist, stellen Sie Fragen an Ihren Lehrer. Beantworten Sie danach die folgenden Erschließungsfragen.
2. Wie verhalten sich die Preise bei einem Angebotsüberschuss bzw. bei einer Nachfragelücke?
3. Welche Angebots- bzw. Nachfrageverhältnisse sind typisch für steigende Preise?
4. Was versteht man unter einem Marktungleichgewicht?
5. Welche Wirkung geht von Marktungleichgewichten aus?
6. Welche Wirkung haben sinkende Preise auf das Angebot?
7. Welche drei Größen wirken wechselseitig aufeinander ein, wenn man vom Markt-Preis-Mechanismus spricht?
8. Unter welchen Bedingungen funktioniert der Markt-Preis-Mechanismus am besten?
9. Was würde geschehen, wenn ein Unternehmer auf einem vollkommenen Markt einen höheren als den Gleichgewichtspreis von seinen Kunden verlangen würde?
10. Welche Wirkung geht von Märkten aus, auf denen überdurchschnittliche Gewinne erzielt werden können?
11. Unter welchen Voraussetzungen kann die Funktionsfähigkeit des Markt-Preis-Mechanismus beeinträchtigt oder sogar gänzlich ausgeschaltet werden?
12. Welche Aufgabe kommt dem Staat zu, um die Funktionsfähigkeit des Markt-Preis-Mechanismus zu gewährleisten?

# 5.5 Nach welchen Gesetzmäßigkeiten erfolgt die Preisbildung bei vollständigem Wettbewerb?

## AUSGANGSSITUATION

**<u>Marktsituation 1:</u> Ein Marktforschungsinstitut stellt fest, dass in der Zeit um Ostern die Nachfrage nach frischen Eiern um etwa 25 % höher liegt als im Jahresdurchschnitt.**

**Welche Auswirkungen müsste diese Nachfragesteigerung auf den Eierpreis haben, wenn man von einem funktionierenden Markt-Preis-Mechanismus ausgeht und wenn man außerdem annimmt, dass auf dem Markt nicht mehr Eier als sonst üblich angeboten werden, dass also insbesondere keine zusätzlichen Eierimporte aus dem Ausland erfolgen?**

## SACHDARSTELLUNG

**Situationsanalyse:**

- **Gegebene Marktbedingungen:** Steigende Nachfrage, konstantes Angebot.
- **Ausgleich von Angebot und Nachfrage** durch **steigende Preise.**

**<u>Preisgesetz Nr. 1:</u>**
**Bei gleich bleibendem Angebot führt steigende Nachfrage zu steigenden Preisen.**

**Merke: Grafisch** stellt sich eine Nachfragesteigerung als eine **Parallelverschiebung der ursprünglichen Nachfragekurve ($N_0$) nach rechts dar ($N_1$).**

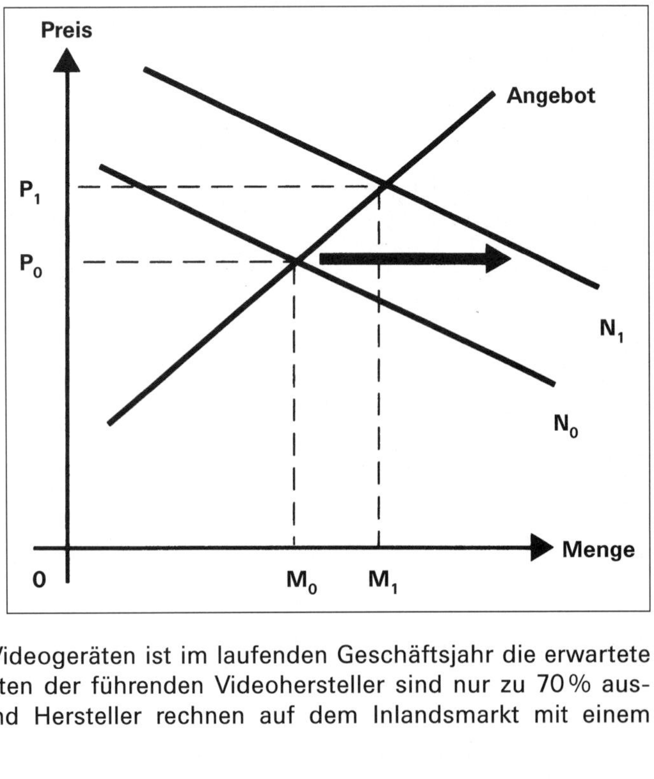


## ARBEITSAUFTRAG

Bearbeiten Sie nach dem Muster der vorstehenden Situationsanalyse die folgenden Marktsituationen 2 bis 4.

**Marktsituation 2:** Hinsichtlich der Versorgung mit Videogeräten ist im laufenden Geschäftsjahr die erwartete Marktsättigung eingetreten. Die Produktionskapazitäten der führenden Videohersteller sind nur zu 70 % ausgelastet, ihre Lagervorräte steigen. Produzenten und Hersteller rechnen auf dem Inlandsmarkt mit einem Absatzrückgang von etwa 20 %.

**Marktsituation 3:** Wegen günstiger Wachstumsbedingungen konnten im Jahr 20.. fast doppelt so viele Äpfel geerntet werden wie im Jahr zuvor (Obstschwemme).

**Marktsituation 4:** In den Stuttgarter Markthallen ist im Januar das Angebot an Frischgemüse gegenüber dem des Vormonats um rund 20 % zurückgegangen.

## ARBEITSVORLAGE

### Marktsituation 2: Situationsanalyse

❶ Gegebene Marktbedingungen:

__________ Nachfrage, __________ Angebot

❷ Ausgleich von Angebot und Nachfrage durch

__________ Preise (______ < ______).

❸ PREISGESETZ NR. 2:

> **Bei** ______________________________ **Angebot**
> **führt** ______________________________ **Nachfrage**
> **zu** ______________________________ **Preisen.**

❹ **Merke:** Grafisch stellt sich ein Nachfrage ________-________ als eine Parallelverschiebung der ursprünglichen Nachfragekurve ($N_0$) nach __________ dar ($N_1$).

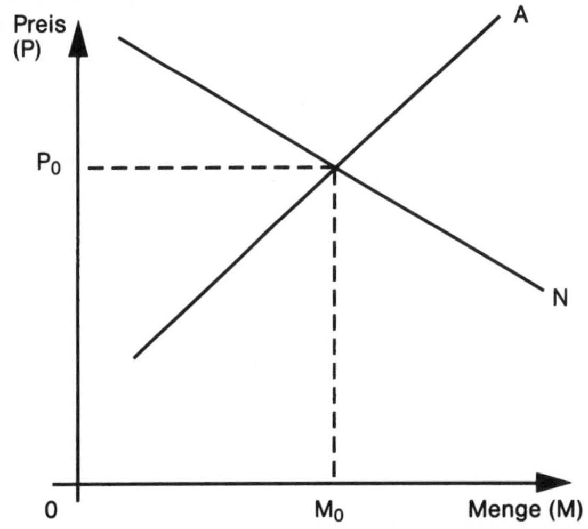


### Marktsituation 3: Situationsanalyse

❶ Gegebene Marktbedingungen:

__________ Nachfrage, __________ Angebot

❷ Ausgleich von Angebot und Nachfrage durch

__________ Preise (______ < ______).

❸ PREISGESETZ NR. 3:

> **Bei** ______________________________ **Nachfrage**
> **führt ein** ______________________________ **Angebot**
> **zu** ______________________________ **Preisen.**

❹ **Merke:** Grafisch stellt sich eine Angebots ________-________ als eine Parallelverschiebung der ursprünglichen Angebotskurve ($A_0$) nach __________ dar ($A_1$).

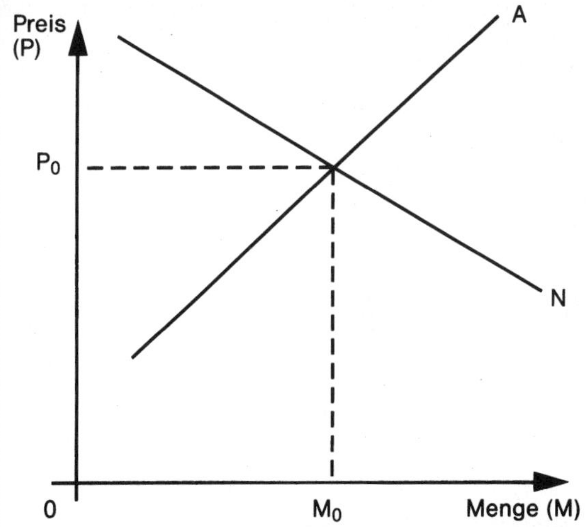


### Marktsituation 4: Situationsanalyse

❶ Gegebene Marktbedingungen:

__________ Nachfrage, __________ Angebot

❷ Ausgleich von Angebot und Nachfrage durch

__________ Preise (______ > ______).

❸ PREISGESETZ NR. 4:

> **Bei** ______________________________ **Nachfrage**
> **führt ein** ______________________________ **Angebot**
> **zu** ______________________________ **Preisen.**

❹ **Merke:** Grafisch stellt sich ein Angebots ________-________ als eine Parallelverschiebung der ursprünglichen Angebotskurve ($A_0$) nach __________ dar ($A_1$).

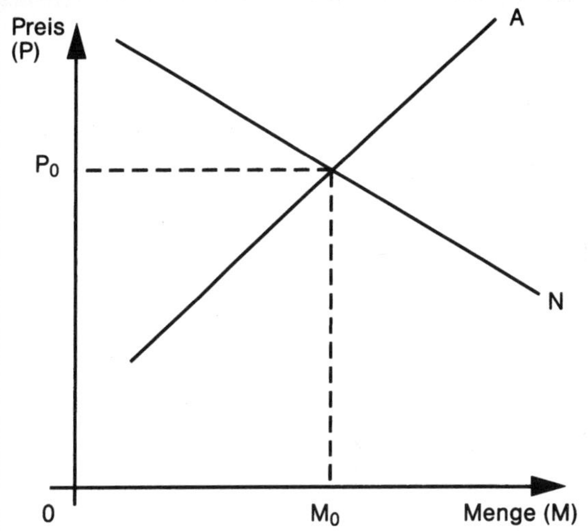

# 5.6 Welche Funktionen erfüllt der Preis im System der Marktwirtschaft?

## SACHDARSTELLUNG

### 1. Die Bedeutung des Preismechanismus für die Marktwirtschaft

**Für das System der Marktwirtschaft dürfte das Funktionieren des Preismechanismus von ähnlich großer Bedeutung sein wie der Herzschlag für das Leben der Menschen. Ohne** ein **funktionierendes Preissystem** ist die **Marktwirtschaft nicht lebensfähig.** Das verdeutlicht die zentrale Stellung des Preises im System der Marktwirtschaft.

**Der Preis lenkt direkt oder indirekt das gesamte Wirtschaftsgeschehen. Von der Preisentwicklung hängt es ab, welche Güter in welchem Umfang und zu welchem Zeitpunkt produziert werden und wer welche Güter in welchem Umfang verbrauchen kann.** Sogar **Einkommen** und **Lebensstandard** des Einzelnen werden **durch Preise reguliert.**

Im Einzelnen erfüllt ein funktionierender Preismechanismus folgende Aufgaben:

1. Anreiz- oder Erziehungsfunktion
2. Ausgleichs- oder Koordinationsfunktion
3. Auslesefunktion
4. Knappheitsfunktion
5. Lenkungs- oder Allokationsfunktion
6. Messfunktion
7. Verteilungsfunktion

### 2. Kurze Beschreibung der einzelnen Funktionen

## ARBEITSVORLAGE

| | | |
|---|---|---|
| (1) | ______<br>______<br>______ | **Beispiel:** Eine Briefmarkenserie erzielt bei einer Versteigerung einen Preis von 5.800,00 Euro.<br>Um **Güter austauschen** zu können, müssen sie **bewertet** und **vergleichbar** gemacht werden. **Bewertungsmaßstab** ist das **Geld. Der Preis** ist **der in Geld ausgedrückte Wert eines Gutes,** sein Tauschwert. |
| (2) | ______<br>______<br>______ | **Beispiel:** A möchte 30 VW-Aktien zu einem möglichst niedrigen Kurs kaufen, B will 50 Siemens-Aktien zu einem möglichst hohen Kurs verkaufen.<br>**Preise ermöglichen es,** die **unterschiedlichen Einzelpläne der Wirtschaftssubjekte (z. B. der Anbieter und Nachfrager) aufeinander abzustimmen** und ein **Marktgleichgewicht herbeizuführen.** |
| (3) | ______<br>______ | **Beispiele:** Luft, Meerwasser, Steine im Gebirge – Edelmetalle wie Gold, Silber, Platin.<br>**Der Preis eines Gutes** ist **Ausdruck seiner Knappheit.** Güter, die (noch) **nicht knapp** sind, also **freie Güter,** haben **keinen Preis.** Je knapper ein Gut ist, desto höher ist sein Preis. |
| (4) | ______<br>______<br>______ | **Beispiele:** Substitution der teuren Arbeitskraft durch Kapital (Einsatz von Maschinen), Durchführung von Arbeitsablauf- und Arbeitszeitstudien, um die Vergeudung von wertvoller Arbeitszeit zu verhindern.<br>**Durch Preise** werden **Wirtschaftssubjekte dazu angereizt (erzogen), knappe Güter durch weniger knappe zu ersetzen (zu substituieren) und die Produktionsfaktoren sinnvoll einzusetzen.** |
| (5) | ______<br>______<br>______ | **Beispiele:** Lohn für geleistete Arbeit, Zinsen als Einkommen für zur Verfügung gestelltes Kapital, Mieten oder Pacht für bereitgestellte Grundstücke und Gebäude.<br>**Preise** bestimmen den **Anteil des Einzelnen am gemeinsam erwirtschafteten Ertrag, am Sozialprodukt.** Sie sind somit **bestimmend für den Lebensstandard** der einzelnen Wirtschaftssubjekte. |
| (6) | ______<br>______<br>______ | **Beispiel:** Abwerbung von Arbeitskräften während des sog. Superbooms zu Beginn der Siebzigerjahre durch Zahlung höherer Löhne.<br>**Preise lenken** die **Produktionsfaktoren** in **die** Wirtschaftsbereiche, wo sie **am dringendsten benötigt** werden. |
| (7) | ______<br>______<br>______ | **Beispiel:** Insolvenzenwelle Mitte der Neunzigerjahre; Hauptursachen: zu geringes Eigenkapital und als Folge davon zu starke Liquiditätsbelastung vor allem junger Unternehmen durch Zins und Tilgung.<br>Preise bewirken, dass **Anbieter,** die **langfristig** mit ihren Herstellungskosten **über den jeweiligen Gleichgewichtspreisen (Marktpreisen) liegen, aus dem Markt ausscheiden** müssen. |

## ARBEITSAUFTRAG

Ergänzen Sie vorstehende Arbeitsvorlage durch Eintragen der Bezeichnung für die beschriebene Funktion des Markt-Preis-Mechanismus.



402434

## 5.7 Aufgaben zur Lernzielkontrolle und Sicherung des Lernerfolgs

### 5.7.1 Aufgaben mit Auswahlantworten[1]

**1.** Welcher der folgenden **preistheoretischen Zusammenhänge** ist **falsch?**

a) Angebotslücken entstehen bei Preisen, die unterhalb des Gleichgewichtspreises liegen.

b) Der Gleichgewichtspreis liegt stets genau in der Mitte zwischen dem niedrigsten und dem höchsten Preis.

c) Die Nachfragemenge steht im umgekehrten Verhältnis zum Preis.

d) Beim Gleichgewichtspreis ist die umgesetzte Menge am größten.

e) Bei allen Preisen oberhalb des Gleichgewichtspreises entsteht überschüssiges Angebot.

**2.** Welche der folgenden Aussagen zum **Gleichgewichtspreis** ist **falsch?**

a) Beim Gleichgewichtspreis gibt es weder eine Angebots- noch eine Nachfragelücke.

b) Der Gleichgewichtspreis räumt den Markt, weil Angebots- und Nachfragemenge gleich hoch sind.

c) Oberhalb und unterhalb des Gleichgewichtspreises klaffen Angebots- und Nachfragemengen auseinander.

d) Die Bildung eines einheitlichen Gleichgewichtspreises ist auch auf einem unvollkommenen Markt möglich, also z. B. in der Marktform des Oligopols oder des Monopols.

e) Beim Gleichgewichtspreis gibt es weder überschüssige Angebots- noch überschüssige Nachfragemengen.

**3.** Eine der folgenden Aussagen zum **Modell des vollkommenen Marktes** ist **falsch.** Welche?

a) Es gibt auf einem solchen Markt weder Oligopole noch Monopole.

b) Es gilt das Prinzip der Unterschiedslosigkeit der Preise.

c) Die Anbieter können auf einem solchen Markt aktiv Preispolitik betreiben.

d) Jeder Marktteilnehmer weiß genau Bescheid, wo es was gibt und zu welchen Preisen.

e) Die Wirtschaftssubjekte handeln auf einem solchen Markt rein rational, d. h. nicht nach Gefühlen, Prestigegesichtspunkten, persönlichen Bindungen oder momentanen Stimmungen.

**4.** Welche der folgenden Aussagen zu den **Preisgesetzen** ist **falsch?**

a) Bei gleich bleibendem Angebot führt steigende Nachfrage zu steigenden Preisen.

b) Bei gleich bleibender Nachfrage führt ein rückläufiges Angebot zu steigenden Preisen.

c) Bei steigenden Preisen sinkt die Nachfrage in demselben Maße wie das Angebot steigt.

d) Bei gleich bleibender Nachfrage führt steigendes Angebot zu sinkenden Preisen.

e) Bei gleich bleibendem Angebot führt sinkende Nachfrage zu sinkenden Preisen.

**5.** Was versteht man unter der **Allokationsfunktion des Preises?** Darunter versteht man den Tatbestand, ... (**Richtiges** anstreichen.)

a) dass durch Preise der Anteil des Einzelnen am gemeinsam erwirtschafteten Sozialprodukt bestimmt wird;

b) dass Preise die Produktionsfaktoren in die Wirtschaftsbereiche lenken, wo sie am dringendsten benötigt werden;

c) dass Preise es ermöglichen, die unterschiedlichen Einzelpläne der Wirtschaftssubjekte aufeinander abzustimmen und ein Marktgleichgewicht herbeizuführen;

d) dass der Preis eines Gutes Ausdruck seiner Knappheit ist;

e) dass durch Preise Wirtschaftssubjekte dazu erzogen werden, knappe Güter durch weniger knappe zu ersetzen und die Produktionsfaktoren sinnvoll einzusetzen.

**6.** Welche von den unten stehenden Aussagen zum **vollkommenen Markt** ist **sachlich unrichtig?**

a) Vollkommener Markt und vollständige Konkurrenz sind begriffsinhaltlich ein und dasselbe.

b) Die Anbieter können überhaupt keinen Qualitätswettbewerb betreiben, da die Güter homogen sind.

c) Es gibt auf einem solchen Markt keinerlei Preisabweichungen.

d) Ein Anbieter, der seinen Preis über den Gleichgewichtspreis hinaus erhöht, verliert sämtliche Kunden.

e) Auf einem solchen Markt werden Anpassungsvorgänge an veränderte Marktdaten mit blitzartiger Geschwindigkeit vollzogen.

**7.** Welcher der unten genannten **Vorteile** kommt dem **Gleichgewichtspreis** nicht zu?

a) Der Gleichgewichtspreis sorgt für eine optimale Bedarfsdeckung

b) Er lässt stets alle Nachfrager zum Zuge kommen.

c) Er ermöglicht eine ständige Anpassung der Produktion an Bedarfswandlungen.

d) Er räumt den Markt.

e) Er gleicht Angebots- und Nachfragemengen aus.

1 Stets 1 aus 5.

## 5.7.2 Aufgaben zur Gesamtwiederholung

**Aufgabe: Deutung von Grafiken**

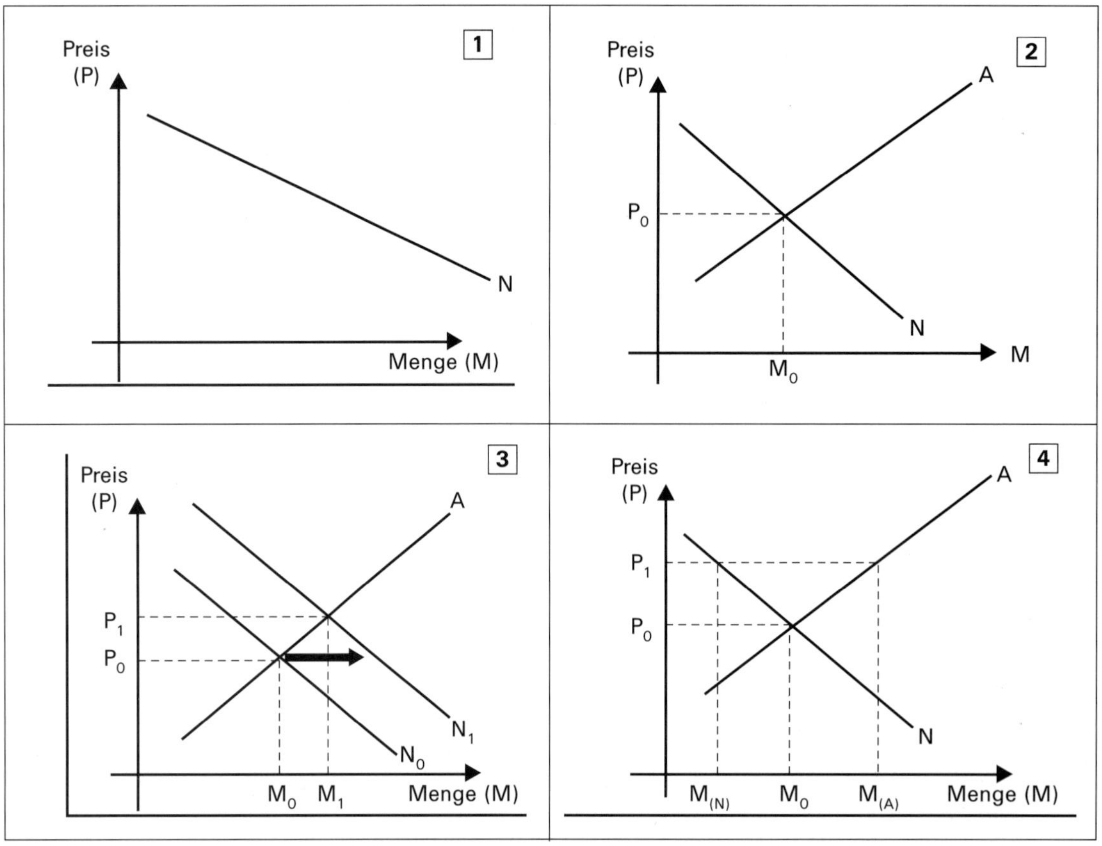


**Auswertungsfragen zu den Grafiken (1) bis (4)**

- **Grafik (1)**

1.1 Welcher Beziehungszusammenhang besteht zwischen Preis und nachgefragter Menge?

1.2 In welchem Verhältnis steht die Nachfragemenge zum Preis?

1.3 Außer dem Preis gibt es in der wirtschaftlichen Wirklichkeit noch andere Bestimmungsfaktoren der Nachfrage. Nennen Sie vier solcher Faktoren.

1.4 In der Realität des Wirtschaftslebens wird auch die angebotene Gütermenge nicht ausschließlich vom Preis her bestimmt. Welche weiteren Bestimmungsfaktoren für das Angebot kennen Sie? (4 Angaben).

- **Grafik (2)**

1.5 Was bedeuten $P_0$ und $M_0$?

1.6 Welche Preisfunktion wird durch $P_0$ und $M_0$ zum Ausdruck gebracht?

1.7 Erläutern Sie mithilfe von $P_0$ die Auslesefunktion des Preises.

1.8 Welche absatzpolitische Bedeutung hat die Menge $M_{0?}$

1.9 Welche Marktform liegt den Aussagen von 1.5 bis 1.8 zugrunde?

- **Grafik (3)**

1.10 Deuten Sie die gegebene Marktsituation (Angebots-, Nachfrageverhältnisse).

1.11 Nennen Sie ein konkretes Beispiel für diese Marktsituation.

1.12 Wie lautet das dieser Marktsituation entsprechende Preisgesetz?

- **Grafik (4)**

1.13 Kennzeichnen Sie die beim Preis $P_1$ bestehende Angebots-/Nachfragesituation.

1.14 Beschreiben Sie, wie es aus der gegebenen Marktsituation heraus zu einem Marktgleichgewicht kommt.

# 6 Die Bedeutung des Sozialen in unserem Wirtschaftsordnungssystem (Sozialstaatsprinzip bzw. Sozialstaatsgebot – soziale Komponente)

## 6.1 Wie unterscheidet sich unser Wirtschaftsordnungssystem in sozialer Hinsicht vom System der freien Marktwirtschaft?

### AUSGANGSSITUATION

Marktwirtschaft **„Niemals sozial"**

*Bundeskanzler Schmidt am 2. Juli 1976 im Österreichischen Fernsehen (ORF):*

**„Marktwirtschaft ist von sich aus niemals sozial. Im Gegenteil: Soziale Politik, sozialer Ausgleich können niemals durch Marktwirtschaft herbeigeführt werden ... Wenn man sozialen Ausgleich will, muss man etwas tun, was gegen den Markt verstößt: Man muss intervenieren. Die soziale Politik im engeren wie im weiteren Sinne ist immer das krasse Gegenteil von Marktwirtschaft."**

aus: der arbeitgeber Nr. 17/28 – 1976, S. 714

### SACHDARSTELLUNG

„Der wirtschaftliche Ordnungstyp der Bundesrepublik Deutschland bringt schon in seiner Begriffsverbindung der sozialen Marktwirtschaft den **besonderen Rang des Sozialen** zum Ausdruck. Auch wenn bisher die **freiheitliche Komponente** des wirtschaftlichen Systems der Bundesrepublik Deutschland stark zum Tragen kam, bedeutet der soziale Anspruch dieses Wirtschaftssystems, nicht nur soziale Mindeststandards wie Kündigungsschutz, Mindestlöhne, Arbeitszeitregelungen usw. zu gewährleisten, sondern auch in den wirtschafts- und gesellschaftspolitischen Prozessen den sozialen Grundsätzen der **sozialen Sicherheit, sozialen Gerechtigkeit** und des **sozialen Gleichgewichts** Geltung zu verschaffen."[1]

Um erfassen zu können, **wie vielfältig die sozialen Sicherungen in unserem Wirtschaftsordnungssystem sind,** werden im Folgenden die unsozialen Auswirkungen der freien Marktwirtschaft den entsprechenden Gegenmaßnahmen in der sozialen Marktwirtschaft gegenübergestellt.

| **Freie Marktwirtschaft** – Unsoziale Auswirkungen | **Soziale Marktwirtschaft** – Gegenmaßnahmen |
|---|---|
| **(1)** Ungleiche Startchancen der Wirtschaftssubjekte, insbesondere wegen fehlender Bildung und einseitiger Vermögenskonzentration auf Unternehmerseite | – Kostenfreier Schulbesuch, freier Besuch von Aus- und Weiterbildungseinrichtungen, Ausbildungsförderungs- und Umschulungsmaßnahmen<br>– Vermögensbildung in Arbeitnehmerhand mithilfe des Einkommensteuer-, Sparprämiengesetzes, Steuervergünstigungen, Ausgabe von Volksaktien u. a.<br>– Förderung der individuellen Vorsorge (z. B. Lebensversicherungen, Wohnungseigentum) durch die Steuergesetzgebung (Sonderausgaben) |
| **(2)** Ungleiche Einkommensverhältnisse; Einkommensverteilung nur nach Marktgesichtspunkten – Leistungsunfähige (Behinderte, Kranke) bleiben ohne Einkommen | Umverteilung der Einkommen durch abgestufte Besteuerung (unterschiedliche Lohnsteuerklassen und -sätze)<br>Je höher das Einkommen, desto höher der Steuersatz (Steuerprogression)<br>Berücksichtigung sozialer Gesichtspunkte bei der Einkommensbemessung (z. B. Familienstand, Alter, Kinderzahl, Betriebszugehörigkeit) |
| **(3)** Schutzlosigkeit des Arbeitnehmers bei Verlust der Arbeitsstelle, bei Krankheit, Invalidität, Unfall usw. (fehlende soziale Sicherheit des Arbeitnehmers) | – Lohnfortzahlung im Krankheitsfalle<br>– Sozialversicherung (Kranken-, Renten-, Arbeitslosen-, Unfall-, Pflegeversicherung)<br>– Kündigungsschutz |

1 F. Pilz, Das System der Sozialen Marktwirtschaft, a. a. O., S. 92 (Hervorhebung durch den Zitierenden)

| | |
|---|---|
| **(4)** Rechtlosigkeit des Arbeitnehmers im Betrieb – Keinerlei Mitspracherechte, keinerlei Schutz vor willkürlicher Machtausübung – Kinderarbeit und Ausbeutung | – Vorhandensein von Arbeitnehmerorganisationen (Gewerkschaften)<br>– Tarifautonomie<br>– Betriebsverfassungs- und Mitbestimmungsgesetz<br>– Unfall-, Jugendarbeits-, Mutterschutz<br>– Arbeitszeitregelungen<br>– Rationalisierungsschutzabkommen |
| **(5)** Schaffung von öffentlichen Einrichtungen nur in sehr begrenztem Umfang und nur soweit sie nicht der Privatinitiative überlassen werden kann<br>Keinerlei staatliche Unterstützung für sozial Schwache, insbesondere für kinderreiche Familien<br>Keinerlei Schutz der Bevölkerung vor unqualifizierten Berufsausübenden | – Sozialhilfe für Minderbemittelte<br>– Steuerfreibeträge, Kindergeld<br>– Ausbildungsförderung (z. B. BAföG)<br>– Jugendhilfe<br>– Kriegsopferversorgung<br>– Mietbeihilfen (Wohngeld)<br>– Gesundheitsschutz, z. B. Vorsorgeuntersuchungen<br>– Sozialeinrichtungen, z. B. Krankenhäuser, Altenpflegeheime<br>– Sozialtarife der Deutschen Bahn AG |
| **(6)** Missbrauch der Vertragsfreiheit (z. B. Kartellabsprachen)<br>Keinerlei Einschränkungen der Gewerbefreiheit<br>Einschränkung des Marktwettbewerbs durch Unternehmenskonzentration und Monopolbildungen<br>Ruinöser Wettbewerb<br>Machtmissbrauch durch die Eigentümer der Produktionsmittel<br>Keinerlei Unterstützung für Klein- und Mittelbetriebe | – Verbot von Kartellen (Gesetz gegen Wettbewerbsbeschränkungen)<br>– Verbot des unlauteren Wettbewerbs (UWG)<br>– Verbot sittenwidriger Rechtsgeschäfte (z. B. Wuchergeschäfte, § 138 BGB)<br>– Preisauszeichnungsverordnung (Pflicht zur Preisauszeichnung der Ware)<br>– Verbraucherschutz, z. B. durch die BGB-Vorschriften über die „Einbeziehung Allgemeiner Geschäftsbedingungen in den Vertrag" (§ 305 ff. BGB), Haustürgeschäfte (§ 312 ff. BGB), Fernabsatzverträge (§ 312 b BGB) |
| **(7)** Keinerlei staatliche Förderung von Wirtschaftszweigen und Betrieben, die infolge ungünstiger Bedingungen im Inland (Klima, Boden u. Ä.) mit ausländischen Unternehmen nicht konkurrenzfähig sind (z. B. Betriebe in strukturschwachen Gebieten, Landwirtschaft, Bergbau, Werftindustrie) | – Zahlung von Subventionen an förderungsbedürftige Wirtschaftszweige, z. B. Stahlindustrie<br>– Einräumung steuerlicher Vergünstigungen, z. B. Abschreibungsmöglichkeiten<br>– Maßnahmen zur Strukturverbesserung (z. B. Industrieansiedlung, Bau von Verkehrswegen)<br>– Investitionszulagengesetz<br>– Städtebauförderungsgesetz |
| **(8)** Sonstige unsoziale Auswirkungen der freien Marktwirtschaft, z. B.<br>– Umweltbelastung durch Betriebe<br>– Strukturveränderungen<br>– fehlende Forschungsförderung<br>– Raubbau bei der Rohstoffbeschaffung | – Verabschiedung von Umweltschutzgesetzen<br>– Zahlung von Stilllegungsprämien<br>– Durchführung von Anpassungsinterventionen<br>– Soziale Bindung auch des Eigentums an den Produktionsmitteln |
| **(9)** Starke konjunkturelle Schwankungen als Folge der einzelwirtschaftlichen Dispositionsfreiheit, verbunden mit inflationärer Preisentwicklung oder existenzbedrohenden Beschäftigungsschwankungen<br>Soziale Ungerechtigkeiten als Folge konjunktureller Schwankungen, z. B. Kaufkraft- oder Vermögensschwund | Nach dem **Stabilitätsgesetz von 1967** ergreift der Staat zur Erhaltung des gesamtwirtschaftlichen Gleichgewichts Maßnahmen, die zur Preisstabilität, zur Vollbeschäftigung, zu einem angemessenen Wirtschaftswachstum und zum außenwirtschaftlichen Gleichgewicht führen sollen. Da nie alle Ziele gleichzeitig erreicht werden können, spricht man von einem **magischen Viereck,** bei Einbeziehung von Umweltschutz und einer ausgeglichenen Einkommens- und Vermögensstruktur auch von einem **magischen Sechseck.**[1] |

## ARBEITSAUFTRÄGE

1. Beschäftigen Sie sich eingehend mit den „sozialen Errungenschaften" in der sozialen Marktwirtschaft.
2. Überlegen Sie sich einmal genau, warum die in der Spalte (7) bis (9) angeführten „Gegenmaßnahmen" sozialen Charakter haben.
3. Verschaffen Sie sich einen Überblick über die vielfältigen sozialpolitischen Aktivitäten des Staates in der Weise, dass Sie zu jedem der in der folgenden Arbeitsvorlage genannten acht Aktivitätsbereiche vier passende Beispiele nennen.

1 Vgl. Sie hierzu die Ausführungen im Abschnitt 2.1 (Phase II).

# Sozialpolitische Aktivitäten des Staates in der sozialen Marktwirtschaft

| Aktivitätsbereiche | Beispiele für staatliche Aktivitäten |
| --- | --- |
| I. Bildungspolitik | –<br>–<br>–<br>– |
| II. Einkommens-umverteilungspolitik | –<br>–<br>–<br>– |
| III. Schutz des arbeitenden Menschen | –<br>–<br>–<br>– |
| IV. Politik zur Absicherung von Arbeitsrisiken | –<br>–<br>–<br>– |
| V. Unterstützung von bedürftigen Bevölkerungskreisen | –<br>–<br>–<br>– |
| VI. Konjunktur- und Strukturpolitik | –<br>–<br>–<br>– |
| VII. Wettbewerbspolitik | –<br>–<br>–<br>– |
| VIII. Sonstige sozialpolitische Aktivitäten | –<br>–<br>–<br>– |

# 6.2 Wie sozial ist die soziale Marktwirtschaft?

## AUSGANGSSITUATION

**Zwei Karikaturen mit gegensätzlichen Aussagen**

*„Meine Herren, beachten Sie bitte auch das Kleingedruckte!"*
aus: gp-Magazine 4/91, April 1991, Ausgabe Baden-Württemberg, S. 16
Karikatur: Joachim Becker

Karikatur: Hanel

## SACHDARSTELLUNG

### 1. Die Entwicklung der Sozialleistungsquote

Sozialleistungen in Deutschland (bis 1990 Westdeutschland)

| Sozialleistungen / Jahr | 1960 | 1965 | 1970 | 1975 | 1980 | 1985 | 1990 | 1995 | 1999 | 2000 |
|---|---|---|---|---|---|---|---|---|---|---|
| in Mrd. € | 33,39 | 54,15 | 89,37 | 174,56 | 240,97 | 291,49 | 371,15 | 597,14 | 668,05 | 644,74 |
| in Prozent der Wirtschaftsleistung | 21,6 | 23,1 | 25,9 | 33,3 | 32,0 | 31,3 | 28,8 | 33,2 | 33,7 | 31,8 |

aus: Globus 6736, 7370

### 2. Das Sozialbudget 2001

Die Sozialleistungen in Deutschland beliefen sich 2001 auf 664 Milliarden Euro. Dies ergibt sich aus dem Sozialbericht, der jedes Jahr vom Bundesarbeitsministerium veröffentlicht wird. Die beiden mit Abstand größten Posten im Sozialbudget sind die Leistungen für Alte und Hinterbliebene (257,0 Milliarden Euro) und die Gesundheitsausgaben (230,4 Milliarden Euro). Danach folgen die Leistungen in den Bereichen Ehe und Familie (95,6 Milliarden Euro) sowie Arbeitsmarkt (56,4 Milliarden Euro). Und unter der Rubrik „Übrige" verbergen sich Ausgaben beispielsweise für Vermögensbildung und Wohnen (24,6 Milliarden Euro). Die Sozialleistungen in Relation zum Bruttoinlandsprodukt ergeben die Sozialleistungsquote. Sie lag 2001 bei 32 %. Auch in den kommenden Jahren werden die Sozialausgaben weiter wachsen: Für das Jahr 2005 erwarten Experten Ausgaben in Höhe von 732 Milliarden Euro.

aus: Schul/Bank 06/02

### 3. Die Einkommensbelastungsquote

In Deutschland arbeitet ein Industriebeschäftigter – rein rechnerisch – bis Mitte August allein für den Staat und die Sozialversicherung (225 Tage). Entwicklung der Einkommensbelastungsquote: 1960: 41,5 % – 1990: 50,7 % – 2000: 55,4 %.

## ARBEITSAUFTRÄGE

1. Interpretieren Sie die beiden vorstehenden Karikaturen.
2. Begründen Sie mithilfe des angegebenen Zahlenmaterials und evtl. weiterer (eigener) Argumente, welcher der beiden Karikaturisten Ihrer Ansicht nach die soziale Lage in der Bundesrepublik Deutschland zutreffender darstellt.
3. Diskutieren Sie darüber, ob das Attribut „sozial" in der Bezeichnung unserer Wirtschaftsordnung seine Berechtigung hat oder nicht. Gehen Sie hierbei auch auf die in der Sachdarstellung zu Abschnitt 6.1 angeführten Grundsätze der sozialen Sicherheit, der sozialen Gerechtigkeit und des sozialen Gleichgewichts ein.

## 6.3 Hat der Sozialstaat noch Zukunft?

### AUSGANGSSITUATION

**Schlagzeilen aus der Tagespresse:**

**„Krise des Sozialstaats" – „Ist der Sozialstaat am Ende?" – „Bundesregierung plant einschneidende soziale Veränderungen" – „Sozialstaat künftig nicht mehr finanzierbar" – „Zweistellige Milliardendefizite in der Sozialversicherung".**

**Soziale Sicherheit ist wichtigstes Ziel der Deutschen**

**HAMBURG (dpa). Die private soziale Absicherung wird im Bewusstsein der Deutschen immer wichtiger. Immerhin 91 Prozent der Bundesbürger bezeichnen sie als „Hauptziel unserer Gesellschaft".**

Themen wie Arbeitslosigkeit, Sozialleistungen, Energie und Rohstoffe, Umweltschutz und Wohlergehen von Kindern wird größte Aufmerksamkeit zuteil. Dies sind Ergebnisse der Studie „Dialoge 4", die das Magazin „Stern" gestern vorstellte. Zwischen November 1994 und Februar 1995 waren 7 545 Menschen im Alter von 18 bis 70 Jahren repräsentativ befragt worden.

aus: Südwestpresse (NWZ) – vom 22. August1995

**Wirtschaft dringt auf Sozialabbau**

Köln (AP). Industrie und Wirtschaft verstärken zum Jahresende den Druck auf die Politik, zur Sicherung des Standorts radikale Einschnitte im Sozialbereich vorzunehmen. Der Präsident des Bundesvereinigung der Arbeitgeberverbände, Klaus Murmann, will „unpopuläre Maßnahmen", vor allem Kürzung oder Wegfall der Lohnfortzahlung im Krankheitsfall. Der Präsident des Deutschen Industrie- und Handelstages, Hans Peter Stihl, verlangt ein Absenken der Lohnzusatzkosten.

aus: Südwestpresse (NWZ) – vom 29. Dezember 1995

### SACHDARSTELLUNG

**1. Stellungnahmen**

„Das soziale Netz reißt. ... Wenn das System der sozialen Sicherung in den nächsten Jahren nicht gründlich reformiert wird, dann bricht es in absehbarer Zeit zusammen. ..."[1]

„Der Wohlfahrtsstaat[2] Deutschland gerät zunehmend in Bedrängnis. Dabei kam die Krise nicht über Nacht, sie ist schon lange da. Die seit Jahren wachsende Arbeitslosigkeit hat niemanden erschüttert, solange sie bezahlbar war. Doch nun geht dem Staat die Puste aus. ..."[3]

**2. Kritik am Sozialstaat**

Nach jahrzehntelangen Aufbauleistungen und weltweit bewunderter Funktionsfähigkeit nimmt seit etwa zwei Jahrzehnten die Kritik am Sozialleistungssystem der Bundesrepublik Deutschland ständig zu. Unmittelbare Anlässe dafür waren der rapide **steigende Anteil der Arbeitnehmeraufwendungen für die Sozialversicherung, die ausufernden Lohnnebenkosten** (im Bereich der Industrie rund 80 % des Bruttoeinkommens), die **Kostenexplosion im Gesundheitswesen** und die **Finanzierungsprobleme der Renten- und Arbeitslosenversicherung.** Inzwischen wird etwa **jede dritte Mark** des Bruttoinlandsprodukts **für Sozialleistungen** ausgegeben (vgl. Zahlenmaterial im Abschnitt 6.2).

**3. Gründe für die Krise des Sozialstaats**

Die Ursachen für die derzeitigen Probleme der sozialen Sicherungssysteme sind **vielfältig.** Die **Hauptursachen sollen im Folgenden kurz genannt werden:**

- **Zunahme der Massenarbeitslosigkeit** und als Folge davon weniger Beitragszahler für die Sozialversicherung; hinzu kamen bis 1999 nicht unerhebliche Beitragsausfälle durch sog. sozialversicherungsfreie Jobs. (Gesetz zur Neuregelung der geringfügigen Beschäftigungsverhältnisse vom 1. April 1999).
- **Demographische und arbeitsmarktpolitische Veränderungen** führen zu einem gestörten Gleichgewicht zwischen Beitragszahlern und Leistungsempfängern in der Rentenversicherung, so z. B. die steigende Lebenserwartung der Bevölkerung, die Kindermüdigkeit der Deutschen, der spätere Eintritt von Jugendlichen ins Berufsleben.
- **Wachstumsprobleme.** Nur geringer Anstieg des Bruttoinlandsprodukts (0 bis maximal 2 %) in der ersten Hälfte der Neunzigerjahre. 1992/93 musste die schwerste Rezession der Nachkriegszeit, verbunden mit massivem Personalabbau, überwunden werden.
- **Steuerausfälle des Staates** infolge der unbefriedigenden wirtschaftlichen Entwicklung; weitere Erhöhung der Staatsverschuldung.
- **Finanzierung versicherungsfremder Leistungen** durch die einzelnen Zweige der gesetzlichen Sozialversicherung. Beispielsweise werden mit den Beiträgen zur Arbeitslosenversicherung nicht nur reine Versicherungsleistungen, sondern auch ABM-Stellen, Umschulungen und Rehamaßnahmen finanziert.
- **Integration Ostdeutschlands sowie von Aus- und Übersiedlern** in das Sozialversicherungssystem der Bundesrepublik Deutschland.

**4. Die Reformbedürftigkeit des Sozialstaats**

Von fast allen gesellschaftlichen Interessengruppen wird ein **„Umbau"** des Sozialsystems für erforderlich gehalten. Hierbei sollen die Kosten „auf ein erträgliches Maß zurückgeführt" werden, „ohne seine zentralen Leistungen und seine unverzichtbaren Schutzfunktionen zu beeinträchtigen. ..."[4]

1 Das soziale Netz reißt. Vorschläge zur Rettung des Systems der sozialen Sicherheit; Schriftenreihe des Frankfurter Instituts für wirtschaftliche Forschung, Bd. 16, Bad Homburg v. d. H. 1988, S. 3 f.
2 „Der Aufwand für die soziale Sicherung hat heute ein Ausmaß erreicht, das Westdeutschland zu Recht als einen Wohlfahrtsstaat erscheinen lässt."; aus: Armut im Wohlfahrtsstaat – Ausmaß, Ursachen, Hilfen, hrsg. vom Deutschen Institutsverlag, Köln 1993, 2. Aufl., S. 30.
3 Schul/Bank – Informationsdienst für Schule und Lehrer, hrsg. vom Bundesverband deutscher Banken, 1996/2
4 iwd Nr. 9 vom 26. Oktober 1995

Von **Arbeitgeberseite** wird verlangt, dass sich die Leistungen der Sozialversicherung darauf beschränken sollten, sog. **Großrisiken abzudecken,** also beispielsweise die Existenzgefährdung bei Arbeitslosigkeit, ernsthafte Krankheiten, Altersarmut. Weiter wird gefordert, dass die Sanierung des Sozialsystems **nicht** einer **Systemveränderung** gleichkommen dürfe, wie sie sich beispielsweise durch die Einführung einer einheitlichen Grundrente ergäbe. Angestrebt werden „evolutorische Reformen, die die soziale Sicherung an die sich verändernden ökonomischen, demographischen und gesellschaftlichen Rahmenbedingungen anpassen und so zukunftsfest machen".[1]

Für die Arbeitgeberseite ist klar, dass die beabsichtigten tiefgreifenden Einschnitte in das soziale Gefüge vor allem aus Gründen der **Sicherung des Industriestandorts Deutschland** ausschließlich **zulasten der Arbeitnehmer** gehen müssen. Es wird beklagt, dass die „soziale Ordnung, die der Wohlfahrtsstaat zu schützen vorgibt, ... durch ihn nachhaltig zerstört" wird. Denn „die **Fähigkeit zur Selbsthilfe in Notlagen,** das Meistern von Lebensrisiken ... wird den Einzelnen nicht mehr zugetraut, ein menschenwürdiges Dasein vielmehr erst durch den Staat gesichert."[2]

Demgegenüber sprechen die **Gewerkschaften** und die großen **sozialen Hilfsorganisationen** Mitte der Neunzigerjahre von massivem **„Sozialabbau"** und verweisen auf die **steigende „Armut im Wohlstand".** Sie beschuldigen die Arbeitgeber, einen **sozialen Kahlschlag** nach der Devise **„Kapitalismus pur"** zu inszenieren. Massenarbeitslosigkeit, fehlender Wohnraum für sozial Minderbemittelte, Alkoholismus, Drogensucht, steigende Kriminalität und Brutalität, vor allem von Jugendlichen, Werteverfall u. a. führten immer mehr zur **sozialen Ausgrenzung** und auch zur **Verelendung** von Teilen der Bevölkerung.

### 5. Reformvorschläge

**Ausgangspunkt** für die Reform der sozialen Sicherung ist die **Erkenntnis,** dass zu **viel Staat im Sozialstaat**[3] herrsche, dass der Staat eine **Umverteilung im Übermaß**[4] betreibe und dass deshalb die private Vorsorge zu kurz komme. „Wird das soziale Netz des Staates immer enger geknüpft, so muss den Bürgern zum einen Eigenvorsorge als überflüssig erscheinen ..., zum anderen bleibt dem Einzelnen auch nur geringer finanzieller Spielraum für Eigenvorsorge, wenn ihm der Staat immer tiefer in die Tasche greift."[5] Dementsprechend wird eine Reform der sozialen Sicherungssysteme auf folgender Basis verlangt: **Stärkung der Eigenverantwortlichkeit** des Einzelnen, Stärkung des **Versicherungsprinzips, Zulassung marktwirtschaftlicher Steuerungsinstrumente** (z. B. Intensivierung des Wettbewerbs zwischen Leistungserbringern und Krankenkassen), **Begrenzung der Sozialversicherung auf die Großrisiken.**

### 6. Ein mögliches Fazit

„Die **marktwirtschaftliche** und die **soziale Ordnung** müssen **einander ergänzen und stützen.** Sie sind wie **zwei Seiten einer Medaille: Ohne sozialen Ausgleich wäre die Marktwirtschaft** ebenso **zum Untergang verurteilt** wie – aus ganz anderen Gründen – der Sozialismus. Denn dann würde neben **unvorstellbarem Reichtum** bald **krasses Elend** stehen – so wie beispielsweise in vielen Ländern Südamerikas. Mit unseren **Vorstellungen von einer lebenswerten und gerechten Gesellschaft** ist das **unvereinbar.** Umgekehrt ist eine **leistungsfähige soziale Ordnung ohne Marktwirtschaft** auch **nicht möglich.** Denn **Wohlstand** muss **erst einmal produziert** werden, **ehe** er **verteilt** werden kann. Das vergessen viele Sozialpolitiker gelegentlich in ihrem Tatendrang. Für die ‚soziale Marktwirtschaft' gibt es deshalb **kein fertiges Rezept.** Sie ist vielmehr ein **Ziel,** eine **permanente Aufgabe. Je nach Lage der Dinge** muss die **Gesellschaft** manchmal **mehr in die eine,** mal **mehr** in die **andere Richtung steuern** – wie ein Kapitän, der sein Schiff mit ständigen leichten Kurskorrekturen sicher durch die Klippen manövriert."[6]

## ARBEITSAUFTRÄGE UND FRAGEN ZUR STOFFERSCHLIESSUNG

1. Aus welchen Gründen bezeichnen Ihrer Meinung nach über 90 Prozent der Bundesbürger die soziale Sicherheit als ein „Hauptziel unserer Gesellschaft"?
2. Womit begründen die Arbeitgeber den von ihnen geforderten massiven Sozialabbau? (Zwei Angaben)
3. Welches sind die wichtigsten Probleme des Sozialstaats in der Gegenwart? (Vier Angaben)
4. Nennen Sie vier Hauptursachen für die Mitte der Neunzigerjahre ausgebrochene Krise des Sozialstaats.
5. Welche Kritik wird vor allem von Arbeitgeberseite an dem Zustand des Sozialstaats in den Neunzigerjahren geübt? (Drei Angaben).
6. Welche Positionen beziehen die Gewerkschaften und die meisten großen sozialen Hilfsorganisationen in Bezug auf den geforderten Sozialabbau?
7. Wie beurteilen Sie die in der Sachdarstellung angeführten Vorschläge zur Reform des Sozialstaats?
8. Begründen Sie, warum die marktwirtschaftliche nicht ohne die soziale Ordnung und diese wiederum nicht ohne den Markt existieren kann.

---

1 iwd Nr. 9, 26. Okt. 1995
2 Schul/Bank, a. a. O.
3 Bräuninger, D., Reform der sozialen Sicherung in Deutschland, in: Deutsche Bank Research (Hrsg.), Bulletin, Aktuelle Wirtschafts- und Währungsfragen, 27. Dez. 1993, S. 15 ff.
4 Experten haben festgestellt, dass es etwa 90 verschiedene Transferformen gibt, die von 40 verschiedenen Behörden und Quasi-Behörden verwaltet werden. Ebenda
5 Schul/Bank-Wirtschaft, Materialien für den Unterricht, hrsg. vom Bundesverband deutscher Banken, Köln o. J., 6.8/1–7
6 Michael Jungblut, Wundertüte Marktwirtschaft? – Wirtschaft im Gespräch, hrsg. von: wir – Wirtschafts-Initiativen für Deutschland e. V. in Zusammenarbeit mit der Ludwig-Erhard-Stiftung e. V., 2. Aufl., Berlin 1995, S. 65 f.

# 7 Die soziale Marktwirtschaft als staatlich gelenkte Marktwirtschaft (Koordinations- oder Lenkungsproblem – interventionistische oder Lenkungskomponente)

## 7.1 In welchem Maße kann der Staat auf das Marktgeschehen einwirken?

### SACHDARSTELLUNG

Der Staat kann unterschiedlich stark (intensiv) in das Wirtschaftsgeschehen eingreifen. Je nach der Stärke (Intensität) des Eingriffs spricht man in diesem Zusammenhang von **staatlicher Marktbeeinflussung, -sicherung, -regulierung, -kontrolle, -reglementierung oder staatlicher Marktausschaltung.**

Die Stärke, mit der der Staat in das Wirtschaftsgeschehen eingreift, richtet sich nach den jeweiligen Gegebenheiten. Für alle staatlichen Eingriffe sollte jedoch die **Devise** gelten: **„So viel Wettbewerb (wirtschaftliche Freiheit) wie möglich, so viel Staat (Reglementierung, Zwang) wie nötig."**

In der **Wirtschaftsordnung der sozialen Marktwirtschaft** hat der **Staat** einen **ziemlich weiten,** jedoch **keineswegs grenzenlosen Gestaltungsspielraum.** Die **Grenze** ist dort **erreicht,** wo es infolge einer Mischung von vielen „systemverträglichen" und einzelnen „systemändernden" Maßnahmen zu einer **„Transformation der Wirtschaftsordnung in ein anderes Wirtschaftssystem"**[1] kommt.

### ARBEITSVORLAGE

| Wirkfaktoren | Art der Staatseingriffe | Erläuterungen und Beispiele |
|---|---|---|
| **Freies Spiel der Kräfte im Wirtschaftsgeschehen** | **Staatliche Marktbeeinflussung** | **Appelle der Regierung,** z. B. die Maßhalteappelle der Regierung Erhard, des Weiteren die Appelle zum __________sparen (Ölkrise 1973/74), ______________-__________appelle |
| | **Staatliche Marktsicherung** | Maßnahmen, die der **Sicherung der rechtlichen Rahmenordnung** und damit dem Leistungswettbewerb dienen, z. B. gesetzliche Regelungen wie das __________ und das __________. |
| | **Staatliche Marktregulierung** | Maßnahmen, die den **Markt-Preis-Mechanismus nicht ausschalten,** die lediglich die Angebots- oder Nachfragemengen verändern (______________________ Maßnahmen einschließlich der ______________steuerung der Gesamtwirtschaft). |
| | **Staatliche Marktkontrolle** | Maßnahmen, durch die einzelne **wirtschaftliche Freiheiten,** z. B. die Investitions- oder Produktionsfreiheit, **eingeschränkt** werden, z. B. durch ______________________ |
| | **Staatliche Marktreglementierung oder -lenkung** | Maßnahmen, die den **Markt-Preis-Mechanismus außer Kraft setzen** ( ______________________ Maßnahmen) und ihn durch **Marktordnungen** ersetzen, z. B. ______________________ |
| **Staatseinfluss auf das Wirtschaftsgeschehen** | **Staatliche Marktausschaltung** | Maßnahmen, durch die das **Privateigentum an Produktionsmitteln aufgehoben** wird, z. B. Vergesellschaftung ganzer Wirtschaftszweige (Stahlindustrie, Werften, Banken) |

1 vgl. A. Kitsche, Marktwirtschaft und Zentralverwaltungswirtschaft als konkurrierende Wirtschaftsordnungen, in: Fragenkreise, Paderborn 1975, S. 6 f., vgl. auch Schneider/Zindel u. a., Industriebetriebslehre, Darmstadt 1982, S. 272

## ARBEITSAUFTRAG

Ergänzen Sie die vorstehende Arbeitsvorlage. Einzusetzen sind folgende **Begriffe:** Energie – Global – GWB (Gesetz gegen Wettbewerbsbeschränkungen) – marktinkonform – marktkonform – Preisbindung für landwirtschaftliche Produkte – Preisstopp – Produktionsauflagen (z.B. bei Umweltschutzmaßnahmen) – Produktionsverbote – UWG (Gesetz gegen den unlauteren Wettbewerb) – Umweltschutz.

# 7.2 In welcher Weise kann der Staat in das Wirtschaftleben eingreifen?

## AUSGANGSSITUATION

Beispiele für Staatseingriffe in das Wirtschaftsleben

① **Der Staat zahlt Wohngeld (Mietbeihilfen), um den Beziehern von niedrigen Einkommen eine menschengerechte Unterbringung zu ermöglichen.**

② **Der Staat erhöht die Steuerbelastung der Wirtschaftssubjekte, z. B. durch Erhöhung der Lohn- oder Einkommensteuer.**

③ **Der Staat baut Vorräte bei staatlichen Lagerstätten (z. B. Buttervorräte) in der Weise ab, dass er die Ware zu Marktbedingungen veräußert.**

④ **Der Staat verschärft die Unternehmensbesteuerung durch Erhöhung der Kostensteuern, beispielsweise der Gewerbesteuer.**

⑤ **Der Staat erlässt einen allgemeinen Mietpreisstopp, um ein weiteres Ansteigen der Mietpreise zu unterbinden und um die sozial schwächeren Bevölkerungsschichten zu schützen.**

⑥ **Die Behörden der Europäischen Union in Brüssel legen den Weizenpreis in sämtlichen EU-Ländern einheitlich fest.**

## SACHDARSTELLUNG

**Marktkonforme Maßnahmen sind Staatseingriffe in die Wirtschaft, die den Markt-Preis-Mechanismus nicht einschränken oder gänzlich außer Kraft setzen.**

**Der Staat beeinflusst nur die Marktbedingungen, d. h. die Angebots- oder Nachfrageverhältnisse, überlässt aber ansonsten die Preisbildung dem Markt.** Es handelt sich also um **in**direkte Eingriffe in das Marktgeschehen; sie werden als markt- oder systemgemäß angesehen.

Der Staat ergreift marktkonforme Maßnahmen immer dann, wenn die **Ergebnisse des Marktes** (z. B. die Einkommens- oder Vermögensverteilung) **den wirtschafts- oder sozialpolitischen Zielsetzungen der sozialen Marktwirtschaft zuwiderlaufen,** insbesondere wenn die **unsozialen Auswirkungen** der freien Marktwirtschaft **ausgeglichen** werden müssen (z. B. zu große Einkommens- oder Vermögensunterschiede).

Durch **marktkonträre (nicht marktgemäße, systemwidrige, systeminkonforme) Eingriffe des Staates** werden nicht nur die Marktverhältnisse (Angebots- oder Nachfrageverhältnisse) beeinflusst, sondern es wird der **Markt-Preis-Mechanismus wesentlich eingeschränkt oder gänzlich außer Kraft gesetzt,** z. B. durch einen staatlichen Lohn- oder Preisstopp.

Durch marktinkonforme Maßnahmen wird die **Marktwirtschaft ausgehöhlt.** Wo die **Eigenbewegungen der Wirtschaft unterbunden** werden, müssen immer größere Bereiche der Wirtschaft zentral verwaltet werden. Ein **allmähliches Hinübergleiten in die Zentralverwaltungswirtschaft** ist nach Ansicht der Verfechter der Marktwirtschaftslehre eine **unausbleibliche Folge zunehmender Staatseingriffe.**

In der Wirtschaftsordnung der sozialen Marktwirtschaft sollen **marktkonforme Maßnahmen** des Staates die **Regel, marktinkonforme Eingriffe** die **Ausnahme** sein.

## ARBEITSAUFTRÄGE UND FRAGEN ZUR STOFFERSCHLIESSUNG

1. Beschreiben Sie ganz allgemein die Wirkungen der Staatseingriffe in allen sechs Beispielen.
2. Stellen Sie die durch die Staatseingriffe bewirkten Veränderungen auf dem Markt (Angebots-, Nachfrage-, Preisveränderungen) in der Arbeitsvorlage 1 grafisch dar und beschreiben Sie diese Veränderungen.
3. Welche Gemeinsamkeiten weisen die Staatseingriffe der Beispiele ① bis ④ auf? Beschreiben Sie diese Art der Staatseingriffe.

**Fortsetzung von Seite 44:**

4. Welche Gemeinsamkeiten weisen die Staatseingriffe der Beispiele ⑤ und ⑥ auf? Beschreiben Sie diese Art der Staatseingriffe.
5. Wie unterscheiden sich staatliche Wohngeldzahlungen und allgemeiner Mietpreisstopp hinsichtlich der langfristigen Wirkungen?
6. Ein 4-Personen-Arbeitnehmerhaushalt in der Bundesrepublik Deutschland gibt etwa 15 % seines Einkommens für Mieten aus; ein entsprechender DDR-Haushalt hatte mit weniger als 5 % zu rechnen. Waren niedrige Mieten in der ehemaligen DDR ein Hinweis darauf, dass es dort reichlich Wohnungen gab? Begründen Sie Ihre Ansicht.
7. Erläutern Sie anhand von drei Beispielen, wie Funktionen des Preises (vergleichen Sie hierzu Abschnitt 5.6) durch Freigabe der Wohnungsmieten in der Bundesrepublik Deutschland wieder belebt werden können.
8. Entscheiden Sie, ob die unten angeführten Maßnahmen des Staates marktkonformen (+) oder marktkonträren (–) Charakter haben. Kennzeichnen Sie auf Ihrem Arbeitsblatt die einzelnen Maßnahmen wie folgt: z. B. [1]+, [2]–.

   [1] Steuerliche Maßnahmen (Steuersenkungen oder -erhöhungen); [2] Einführung eines Lohnstopps durch Gesetz; [3] mengenmäßige Beschränkungen der Wareneinfuhr (Einfuhrkontingente); [4] Veränderungen der Kreditbedingungen durch die Europäische Zentralbank, z. B. Leitzinsänderungen; [5] Festsetzung eines Mindestpreises für Milch; [6] Erhebung von Zöllen; [7] Gewährung von Abschreibungsvergünstigungen für Unternehmer; [8] Gewährung von zinsverbilligten öffentlichen Baukrediten; [9] Einführung eines allgemeinen Preisstopps durch ein Bundesgesetz; [10] Subventionen (Unterstützungszahlungen), z. B. an die Landwirtschaft, an Unternehmen des Kohlebergbaus oder an Werften; [11] Einführung eines allgemeinen Gewinn- oder Dividendenstopps; [12] Steuerbegünstigung für umweltfreundliche Erzeugnisse und Sonderbesteuerung umweltschädlicher Produkte; [13] Erteilung von Staatsaufträgen an die Privatindustrie, z. B. Bau- und Rüstungsaufträge; [14] Einführung eines allgemeinen Mietenstopps; [15] Erteilung von Investitionsauflagen (Ge- und Verbote); [16] Devisenbewirtschaftung (= Aufhebung des Devisenfreihandels); [17] staatliche Kindergeldzahlungen; [18] Zahlung von Subventionen an konkurrenzbedrohte Kleinunternehmen; [19] Erteilung von Produktionsauflagen; [20] Export- und Importverbote; [21] Erhebung von Einfuhrabgaben (Abschöpfungen); [22] Investitionsprämien an die Unternehmer; [23] Verlängerung der Schulpflicht und/oder Heraufsetzung des Rentenalters; [24] Vergabe von staatlichen Forschungsaufträgen; [25] Einstellung zusätzlichen Personals in den öffentlichen Dienst; [26] Vergabe von Bauaufträgen für öffentliche Gebäude; [27] Vernichtung eines Teils der Tomatenernte, um einem Preisverfall vorzubeugen; [28] Aufkauf von Getreide durch die staatlichen Vorratsstellen; [29] Vergabe von staatlichen Exportbürgschaften; [30] Gewährung von Sparprämien nach dem Sparförderungsgesetz.

   | | | | | | |
   |---|---|---|---|---|---|
   | [1] ______ | [6] ______ | [11] ______ | [16] ______ | [21] ______ | [26] ______ |
   | [2] ______ | [7] ______ | [12] ______ | [17] ______ | [22] ______ | [27] ______ |
   | [3] ______ | [8] ______ | [13] ______ | [18] ______ | [23] ______ | [28] ______ |
   | [4] ______ | [9] ______ | [14] ______ | [19] ______ | [24] ______ | [29] ______ |
   | [5] ______ | [10] ______ | [15] ______ | [20] ______ | [25] ______ | [30] ______ |

9. Grundsätzlich gibt es drei Möglichkeiten für marktkonträre Staatseingriffe: Der Staat kann entweder die Produktionsmengen oder die Verbrauchsmengen oder die Preise für die angebotenen Güter festsetzen; bei den Festpreisen ist zwischen Höchst- und Mindestpreisen zu unterscheiden.

   Erarbeiten Sie eine Übersicht über die verschiedenen Arten von marktkonträren Staatseingriffen. (Arbeitsvorlage 2)

## 7.3 Was ist besser – mehr oder weniger Staatstätigkeit?

### AUSGANGSSITUATION

**Auszug aus einem Schülerreferat über die Rolle des Staates in der modernen Volkswirtschaft:**

**„Der Staat hat in der Vergangenheit als wirtschaftende Einheit innerhalb der Volkswirtschaft zunehmend an Bedeutung gewonnen. Das wird deutlich an der ständig steigenden Staatsquote (SQ). Darunter versteht man den Anteil, den die Staatsausgaben (einschließlich Sozialversicherung) am gesamten Bruttosozialprodukt haben.**

| Jahr | 1950 | 1960 | 1970 | 1980 | 1990 | 1992 | 1994 | 1996 | 1998 | 1999 | 2000 | 2001 | 2002[2] |
|---|---|---|---|---|---|---|---|---|---|---|---|---|---|
| SQ (%) | 31,0 | 32,0 | 38,0 | 47,0 | 46,1 | 49,5 | 50,1 | 50,0 | 48,2 | 47,4 | 48,4[1] | 48,0 | 48,0 |

aus Globus 2184, 4903, 4091, 5339
1 (ohne UMTS-Lizenzen); 2 Projektion der Bundesregierung im Nov. 2001

**Für das bis zum Jahre 1980 zu beobachtende Anwachsen der Staatsausgaben gibt es vielfältige Gründe. Ganz allgemein kann gesagt werden, dass dem Staat im Laufe der Zeit immer neue Aufgaben zugewachsen sind. Sie reichen von erhöhten Sozialaufwendungen als Folge gewandelter gesellschaftlicher Verhältnisse (Wohlfahrtsstaat, längere Lebenserwartung) bis zur Übernahme der Verantwortung für die Wirtschaftsentwicklung (wirtschaftliche Stabilität, Wachstum, hohes Beschäftigungsniveau, Sicherung des Wettbewerbs) und die Verhinderung von Umweltschäden.**

**Das erneute Ansteigen der Staatsquote ab 1990 ist primär auf die mit der Wiedervereinigung im Zusammenhang stehenden unvorhersehbaren finanziellen Belastungen zurückzuführen."**

# Wie greift der Staat in das Wirtschaftsleben ein?

## Marktkonforme Maßnahmen

**1** ______________________ Wirkung

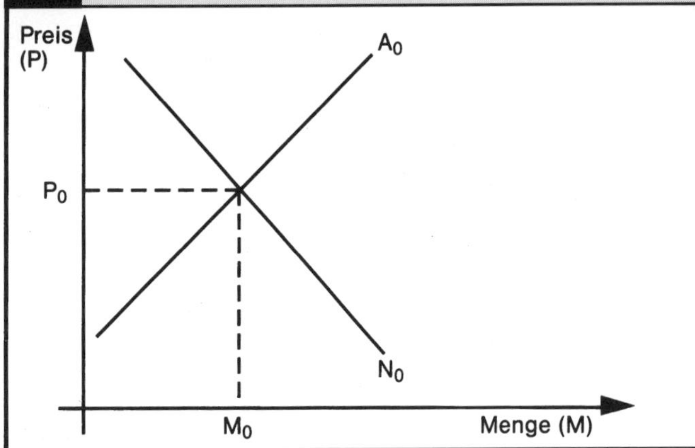


**2** ______________________ Wirkung

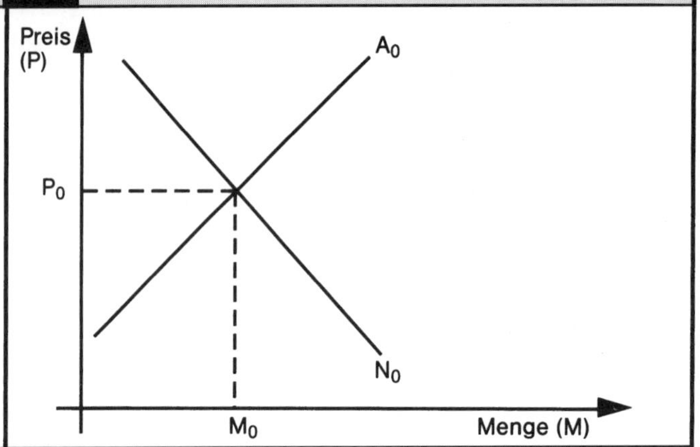


**3** ______________________ Wirkung

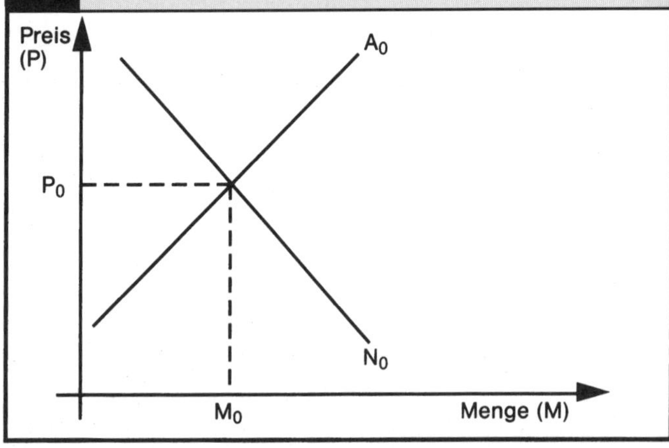


**4** ______________________ Wirkung

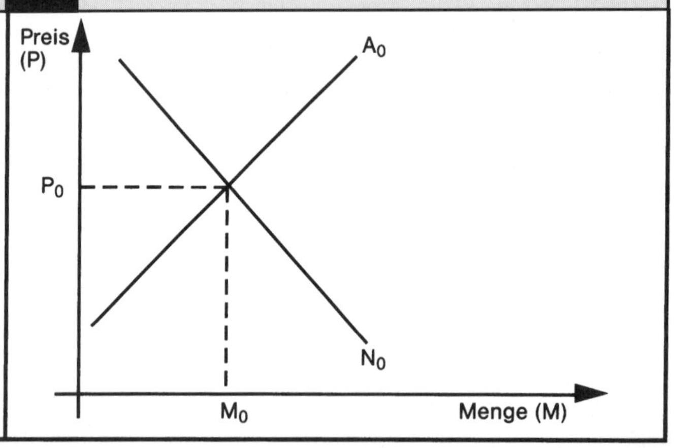


## Marktinkonforme Maßnahmen

**5** Mietpreisstopp

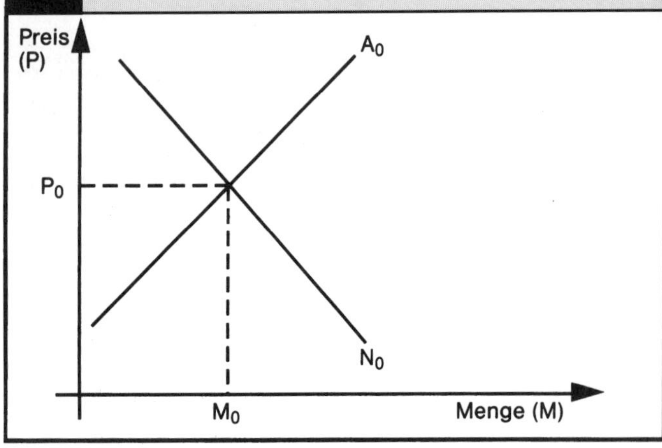


**6** EU-Weizenpreise (Festpreis)

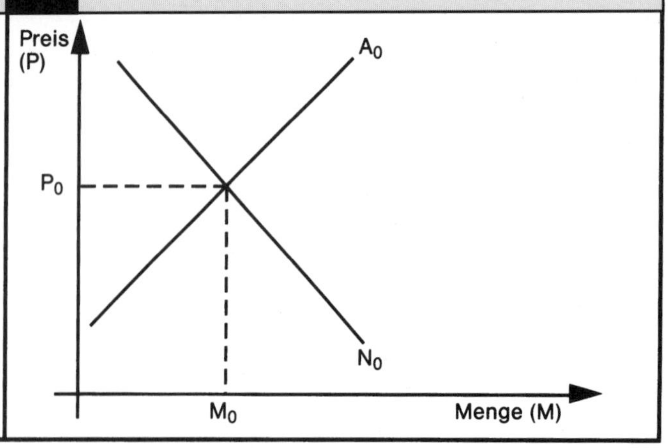

# Welche Arten von marktkonträren (systeminkonformen) Staatseingriffen gibt es?**

3 Möglichkeiten

**Festsetzung der Produktions-** ____________

Der **Staat schreibt** den Unternehmen **vor, was, wie viel** und **wann** sie **produzieren** und **investieren** sollen.
Zeitweise aktuell war die **direkte Investitionslenkung** in einzelnen Branchen unserer Wirtschaft, z. B. im Stahlbereich.

**Festsetzung der ____________ für die angebotenen Güter**

Der **Staat schreibt** den Unternehmen die ____________ **vor,** die sie von ihren Abnehmern verlangen dürfen. Das können ____________-, ____________- oder ____________preise sein.

**Festsetzung der Verbrauchs-** ____________

Der **Staat schreibt** den Unternehmen und Haushalten bestimmte Höchst ____________ vor, die **verbraucht** werden können, z. B. bei Heizölverknappung.
Die Verbraucher erhalten in solchen Fällen vom Staat (was?) ____________ ____________.

## Höchstpreise (HP) ⟵ Festpreise (FP) ⟶ Mindestpreise (MP)

### Höchstpreise (HP)

**1. Beispiel:** Höchstmieten im sozialen Wohnungsbau.

**2. Höhe:** Sie liegen unter/über* den entsprechenden Gleichgewichtspreisen des Marktes.

**3. Zweck:** Dadurch soll (wer?) der ____________ geschützt werden.

**4. Wirkung:** Die Privatwirtschaft hat an der Herstellung solcher Güter kein/großes* Interesse.

**5. Marktlage:** Bei HP (P) ist die Nachfrage stets (wie?) ____________ ____________ als das Angebot, d. h., es besteht ein ____________überhang oder eine ____________lücke.

**6. Verhalten des Staates:** Er muss rationieren, d. h. ____________ ausgeben.

**7. Reaktion des Marktes:** Es entstehen sog. „____________ Märkte", auf denen die fehlenden Güter zu (welchen?) ____________ ______ Preisen angeboten werden.

### Festpreise (FP)

**1. Höhe:** Sie können über oder unter dem entsprechenden Gleichgewichtspreis des Marktes liegen. Liegt der Festpreis **unter** dem Gleichgewichtspreis des Marktes, so wirkt er wie ein ____________preis.

Liegt der Festpreis **über** dem Gleichgewichtspreis des Marktes, so wirkt er wie ein ____________-____________preis.

### Mindestpreise (MP)

**1. Beispiel:** Landwirtschaftliche Güter, z. B. ____________ ____________

**2. Höhe:** Sie liegen ____________ den entsprechenden Gleichgewichtspreisen des Marktes ($P_2$).

**3. Zweck:** Dadurch sollen die ____________ geschützt werden.

**4. Wirkung:** Wegen der hohen Preise wird mehr/weniger* produziert als verbraucht werden kann. Es entstehen – wie in der EU – ____________berge oder ____________seen.

**5. Marktlage:** Bei MP ($P_2$) ist die Nachfrage ($M_N$) stets (wie?) ______-______ als das Angebot ($M_A$), d. h., es besteht ein ____________ überhang oder eine ____________ lücke.

**6. Verhalten des Staates:** Er muss die Überschussproduktion ______ ____________ und ____________, evtl. sogar ____________ und Kapazitäten ____________ lassen.

---

* Nichtzutreffendes streichen!
** **Unter anderem einzusetzende Begriffe:** Angebot – aufkaufen – Bezugsscheine – einlagern – Fest – Hersteller – Höchst – Mengen – Mindest – Nachfrage – schwarz – stilllegen – Verbraucher – vernichten

## 1. Die Frage nach den Grenzen der Staatstätigkeit

Quantitativ zumindest hat sich der Umfang der Staatstätigkeit in Deutschland enorm ausgeweitet. Längst nicht mehr ist der Staat nur Garant der Rechtsordnung und der Entfaltungsfreiheit der Wirtschaftssubjekte. Nicht nur mehr die Sicherheit nach innen und außen und die Bestimmung der Spielregeln des Wirtschafts- und Soziallebens sieht der Staat heute als seine Aufgabe an, er kümmert sich vielmehr aktiv um das Wohlergehen seiner Einwohner. Seine Enthaltsamkeit hat der Staat aufgegeben und mischt sich heute in alle Daseinsbereiche ein.

Allerdings: Die Tradition des starken und sich um alles kümmernden Staates reicht in Deutschland weit zurück. Der liberale „Nachtwächterstaat", wenn es ihn hier je überhaupt so gegeben hat, war allenfalls eine Episode. Bis in die Zeit der Reformation reicht die Tradition des „Polizei-Staates" zurück, der sich wohlwollend (und bevormundend zugleich) des Schicksals seiner Einwohner annahm. Das alte Württemberg zumal war ein Musterbeispiel solcher wohlwollend-patriarchalischen Fürsorge des Staates für seine Untertanen.

Und als die Schattenseiten des modernen Wirtschaftsliberalismus unübersehbar wurden, griff auch sofort der Staat wieder ein: Hundert Jahre ist es soeben her, dass der Staat begann, ein umfassendes System der sozialen Sicherheit aufzubauen, um die Schwachen, die Alten, die Kranken zu schützen. Wo immer der Markt und das freie Spiel der Kräfte versagten, wurde der Ruf nach dem Staat laut – und der hörte ihn immer auch. Wie niemand sonst war er schließlich durch seine flächendeckende und beständige Organisation in der Lage, jeweils in die Bresche zu springen.

Aber der Staat sichert heute nicht nur gegen die Risiken des Daseins ab: Sehr viel mehr Aufgaben sind ihm politisch angetragen worden und er hat sie übernommen. Grob gesagt greift der Staat überall dort ergänzend und korrigierend ein, wo der Markt überfordert ist, schlicht versagt oder gar sich selbst zu zerstören droht (durch Konzentration und Kartelle zum Beispiel). Kollektivgüter, die jedermann zur Verfügung stehen (wie Straßen, aber auch reine Luft und saubere Flüsse), kann der Markt nicht produzieren. Blind ist der Markt nicht nur gegenüber sozialen Problemen, sondern auch gegenüber Forderungen nach Bedarfsgerechtigkeit (wie mehr Geld für den Familienvater als für den Junggesellen, auch wenn beide die gleiche Leistung erbringen). Im Bereich der Konjunkturverläufe mit Inflation und Arbeitslosigkeit zeigt der Markt ausgesprochene Funktionsschwächen. Hier wird der politische Druck so stark, dass der Staat auch fallweise in den Wirtschaftsablauf eingreifen muss. Marktinterventionen jedoch ziehen wieder neue Interventionen nach sich: Wenn der Staat der Landwirtschaft Mindestpreise garantiert, muss er erneut eingreifen, wenn dadurch Überproduktion entsteht. So manche Intervention des Staates ist so durch Politik selbst verursacht worden.

All die Leistungen, die vom Staat erbracht werden, haben ihren Preis – auch im wortwörtlichen Sinne. Im Falle der Konjunkturpolitik, soweit sie sich auf John Maynard Keynes beruft, ist Geld sogar geradezu das Mittel der Politik. Zwar soll Geld in konjunkturell guten Zeiten angespart (oder wieder eingebracht) werden, die Begehrlichkeit gegenüber dem Staat hat das aber politisch nahezu unmöglich gemacht. So hat gerade auch jene Konjunkturpolitik dazu beigetragen, dass die Staatsverschuldung immer schneller zunahm und inzwischen immense Höhen erreicht hat – eine zweifelhafte Hinterlassenschaft für künftige Generationen.

Die Ausweitung der Staatstätigkeit kostet aber nicht nur Geld. Marktmechanismen können dadurch durcheinander gebracht, die „Selbstheilungskräfte des Marktes" behindert, die Eigeninitiative und Eigenverantwortlichkeit des Einzelnen gelähmt werden; die Allgegenwart des Staates und seine allumfassende Sorge und Vorsorge für das Wohl aller können – wie gehabt – zu Bevormundung und damit zu Unmündigkeit führen. Ein Zuviel an Staat kann somit die ursprünglichen Absichten in ihr Gegenteil verkehren.

So stellt sich heute die Frage nach den Grenzen der Staatstätigkeit drängender denn je. Und die Diskussion dieser Frage sollte man nicht allein dem Wahlkampf überlassen.[1]

## 2. Staatliche Preispolitik

„**Die Preise von rund 40 % der im Preisindex für die Lebenshaltung enthaltenen Güter und Dienstleistungen werden vom Staat direkt oder indirekt bestimmt** – die so genannten **administrativen Preise.** Hierzu gehören z. B. Verkehrstarife, Park-, TÜV- und Zulassungsgebühren, Versicherungsprämien, Rundfunkgebühren, Kraftstoffe und Mietnebenkosten. **Seit 1991** sind die **Kosten für solche Dienstleistungen und Tarife kräftig gestiegen** – und das **bei sonst relativer Ruhe an der Preisfront:** Die öffentlichen Parkgebühren haben sich fast vervierfacht, die Postgebühren haben um das Dreifache, die Kraftfahrzeugsteuern um 64 % und die Kraftfahrzeugversicherung um 30 % zugelegt. Ähnliches gilt für die Mietnebenkosten: Die Gebühren für die Müllabfuhr haben sich nahezu verdoppelt, die Kosten für die Abwasserbeseitigung sind um rund die Hälfte, Straßenreinigung und Schornsteinfeger 25 % bzw. 20 % teurer geworden."

aus: Schul/Bank 4/96

## ARBEITSAUFTRÄGE UND FRAGEN ZUR STOFFERSCHLIESSUNG

1. Was versteht man unter dem Begriff „Staatsquote"?
2. Welche Gründe für das Anwachsen der Staatstätigkeit werden im Schülerreferat angeführt?
3. Welche Gründe für die Ausweitung der Staatstätigkeit führt H.-G. Wehling in seinem Fachbeitrag an?
4. Welche Aussagen werden über die Tradition des starken Staates in Deutschland gemacht?
5. Die Notwendigkeit von Staatseingriffen ergibt sich überall dort, wo der Markt versagt. Nennen Sie vier Beispiele.
6. Nennen Sie fünf Nachteile von staatlichen Marktinterventionen.
7. Welches Grundproblem ergibt sich in Bezug auf den Umfang der Staatstätigkeit in der Wirtschaft?
8. Welchen Einfluss übt der Staat in der sozialen Marktwirtschaft oft aus
   a) auf die Preisgestaltung,
   b) auf die Preisniveaustabilität?
9. Ergänzen Sie auf der Grundlage der erworbenen Kenntnisse die folgende Arbeitsvorlage.

1 H.-G. Wehling, Zu viel Staat? Vorwort in: Der Bürger im Staat, 31. Jg., Heft 4 (Dez. 1981): Zur Rolle des Staates in der Wirtschafts- und Sozialordnung der Bundesrepublik Deutschland, S. 237 f.

# Welche Möglichkeiten der Staatstätigkeit bestehen im Mischsystem der sozialen Marktwirtschaft?

## I Rahmen- oder Ordnungspolitik

Sie betrifft die **Gestaltung des rechtlichen Rahmens für das Wirtschaftsgeschehen.** Dazu gehören insbesondere **Maßnahmen, die auf die Erhaltung und Förderung des Wettbewerbs** gerichtet sind.

**Wichtige Wettbewerbsgesetze:**

______________________________

______________________________

## II Prozess- oder Ablaufpolitik

| **Bereiche der Prozess- oder Ablaufpolitik** | **Eingriffe in den gesamtwirtschaftlichen Prozessablauf** – **Markt- und Nichtmarktökonomie** | **Eingriffe in den Markt-Preis-Mechanismus** – **Marktökonomie** |
|---|---|---|
| Bereiche der Wirtschaftspolitik | Indirekte (nichtdirigistische) Lenkungsmaßnahmen | Marktkonforme Eingriffe |
| **Beispiele:** ______ | **Beispiele:** ______ | **Beispiele:** ______ |
| Bereiche der Sozialpolitik | Direkte (dirigistische) Lenkungsmaßnahmen | Marktkonträre Eingriffe |
| **Beispiele:** ______ | Sie passen **nicht** in das System der sozialen Marktwirtschaft; sie sind **typisch für planwirtschaftliche Systeme,** z. B. **direkte Investitionskontrollen.** | **Beispiele:** ______ |

## 7.4 Aufgaben zur Lernzielkontrolle und Sicherung des Lernerfolgs

### Aufgaben mit Auswahlantworten

(Stets 1 aus 5.)

**1.** Welche der folgenden Aussagen zur sozialen Marktwirtschaft ist **falsch?**

a) Der Staat hat eine starke Stellung in der Wirtschaft; er greift unmittelbar in das Wirtschaftsgeschehen ein.

b) Die soziale Marktwirtschaft ist eine in der Wirklichkeit existierende Wirtschaftsordnung, also eine sog. Realform.

c) Der Staat soll sich zur Durchsetzung seiner Ziele möglichst marktkonformer Mittel bedienen, um den Markt-Preis-Mechanismus nicht auszuschalten.

d) Es herrscht uneingeschränkte Vertrags-, Produktions-, Konsum- und Gewerbefreiheit.

e) Die der sozialen Marktwirtschaft zugrunde liegende Geisteshaltung fasst den Menschen nicht nur als Individuum, sondern auch als Sozialwesen auf.

**2.** Welche der folgenden Aussagen zum Verhältnis von Grundgesetz und Wirtschaftsordnung ist **falsch?**

a) Das Grundgesetz lässt auch markt**in**konforme Lenkungsmaßnahmen des Staates in Bezug auf die Wirtschaft zu.

b) Das Grundgesetz lässt auch die Festsetzung von Höchst- und Mindestpreisen durch den Staat zu.

c) Globalsteuerung und Investitionslenkung stehen grundsätzlich im Einklang mit dem Grundgesetz.

d) Jedwede Wirtschaftspolitik in der sozialen Marktwirtschaft bewegt sich in dem Spannungsfeld zwischen dem Individual- und dem Sozialpol, zwischen Individual- und Gemeininteressen.

e) Im Grundgesetz wird dem Prinzip der Freiheit eindeutig der Vorrang vor der sozialen Gerechtigkeit (Prinzip der Sozialstaatlichkeit) eingeräumt.

**3.** Welche der folgenden Aussagen zu den **marktkonformen** Maßnahmen des Staates ist **falsch**?

a) Marktkonforme Maßnahmen setzen den Preismechanismus nicht außer Kraft.

b) Der Staat beeinflusst die Preisbildung nur indirekt durch eine Erhöhung oder Verminderung der Nachfrage oder des Angebots.

c) Marktkonforme Maßnahmen betreffen nur die Ausgestaltung der rechtlichen Rahmenbedingungen einer Wirtschaftsordnung; sie dienen jedoch nicht der Durchsetzung konkreter wirtschafts- oder sozialpolitischer Ziele.

d) Bei marktkonformen Maßnahmen handelt es sich um Formen der **in**direkten Marktlenkung.

e) Marktkonforme und systemkonforme Maßnahmen sind ein und dasselbe.

**4.** Welche der folgenden Aussagen zu marktkonformen bzw. marktinkonformen Staatseingriffen ist **falsch?**

a) Bei marktkonformen Staatseingriffen bleibt der Wettbewerb auf den Märkten bestehen.

b) Festpreise liegen stets **unter** dem Gleichgewichtspreis auf dem Markt.

c) Die Preisbildung vollzieht sich weiterhin nach den Gesetzen von Angebot und Nachfrage, wenn der Staat marktkonforme Eingriffe vornimmt.

d) Die Festsetzung staatlicher Mindestpreise dient dem Schutz der Produzenten.

e) Die Festsetzung staatlicher Höchstpreise dient dem Verbraucherschutz.

**5.** Welche der folgenden Aussagen zur Preisgestaltung in der sozialen Marktwirtschaft ist **nicht** zutreffend?

a) Es gibt in der sozialen Marktwirtschaft ausschließlich Marktpreise.

b) Es gibt auch staatliche und überstaatliche Preisfestsetzungen.

c) Ein Beispiel für Höchstpreise sind die Mieten im sozialen Wohnungsbau.

d) Mindestpreise liegen stets **über** dem Gleichgewichtspreis auf dem Markt.

e) Durch eine Mietpreislimitierung (staatlicher Festpreis) entsteht eine Angebotslücke bzw. ein Nachfrageüberhang.

**6.** Die soziale Marktwirtschaft hat gegenüber der freien Marktwirtschaft zahlreiche Vorteile. Welcher der unten angeführten Sachverhalte ist nach herrschender Auffassung **nicht** zu den **Vorteilen** der sozialen Marktwirtschaft zu rechnen?

a) Soziale Bindung des Eigentums.

b) Sicherung der Vollbeschäftigung und der Preisniveaustabilität.

c) Schutz der sozial Schwachen durch ein gut ausgebautes „soziales Netz."

d) Einräumung von Mitwirkungs- und Mitbestimmungsrechten an die Arbeitnehmer.

e) Die Lohnfindung erfolgt durch Verhandlungen zwischen Gewerkschaften und Arbeitgeberverbänden, wobei der Grundsatz der Tarifautonomie gewahrt bleibt.

**7.** Welche der folgenden Begriffsbestimmungen ist sachlich unzutreffend?

a) Staatlich festgesetzte Höchstpreise liegen stets über den entsprechenden Gleichgewichtspreisen des Marktes.

b) Marktkonforme Maßnahmen sind Staatseingriffe in die Wirtschaft, die den Markt-Preis-Mechanismus nicht einschränken oder gänzlich außer Kraft setzen.

c) Die Sozialleistungsquote gibt den Anteil der Sozialleistungen eines Staates in Prozent der Wirtschaftsleistung (des Bruttoinlandsprodukts) an.

d) Unter der Staatsquote versteht man den Anteil, den die Staatsausgaben (einschließlich Sozialversicherung) am gesamten Bruttoinlandsprodukt haben.

e) Staatlich festgesetzte Preise (Festpreise) können sowohl über als auch unter dem jeweiligen Gleichgewichtspreis des Marktes liegen.

# 8 Die soziale Marktwirtschaft als reales Wirtschaftsordnungssystem (wirtschaftspolitische Komponente)

## 8.1 Aus welchen Elementen setzt sich die Wirtschaftspolitik in der sozialen Marktwirtschaft zusammen?

### AUSGANGSSITUATION

Auszug aus einer Befragung des Mannheimer Instituts für praxisorientierte Sozialforschung (ipos) im Auftrag des Bundesverbandes deutscher Banken zum Thema „Wirtschaftsstandort Deutschland" zu Beginn des Jahres 2002:

**„41 % der Bürger sprechen sich dafür aus, die soziale Marktwirtschaft stärker in Richtung „mehr Markt und freier Wettbewerb" weiterzuentwickeln – im Oktober vergangenen Jahres waren erst 27 % dieser Auffassung. Demgegenüber hat der Anteil derjenigen, die mehr soziale Absicherung fordern, im gleichen Zeitraum deutlich abgenommen (Oktober 2001: 48 %, Februar 2002: 37 %). Dass die Deutschen zunehmend bereit sind, mehr Eigenverantwortung zu übernehmen, zeigt sich auch darin, dass 58 % der Auffassung sind, die Sicherung des Wohlstandes sei in erster Linie die Aufgabe des Einzelnen. Nur 36 % meinen, dass dies vorwiegend die Aufgabe des Staates sei."**

aus: Schul/Bank, Informationsdienst für Schule und Lehrer, hrsg. vom Bundesverband deutscher Banken, Ausgabe 07/02

### SACHDARSTELLUNG

Übersicht

**Wirtschaftspolitik in der sozialen Marktwirtschaft**

**I. Wirtschaftspolitische Grundkonzepte**

**Angebotsorientierte Strategien** der staatl. Wirtschaftspolitik

Der Staat hat die Aufgabe, die **Bedingungen für die Produktion zu verbessern** und auf diese Weise einen konjunkturellen Aufschwung zu bewirken.

**Nachfrageorientierte Strategien** der staatl. Wirtschaftspolitik

Der Staat hat die Aufgabe, **durch Nachfragesteuerung konjunkturelle Schwankungen auszugleichen**, z. B. durch höhere Staatsinvestitionen.

**II. Zielgrößen der staatlichen Wirtschaftspolitik**

- Angemessenes und stabiles Wachstum des Bruttoinlandsprodukts
- Stabilität des Preisniveaus
- Hoher Beschäftigungsstand
- Außenwirtschaftliches Gleichgewicht

→ **Wirtschaftspolitische Ziele des Stabilitätsgesetzes** (Magisches* Viereck)

- Lebenwerte Umwelt
- Gerechte Einkommens- und Vermögensverteilung

→ **Nicht im Stabilitätsgesetz verankerte wirtschaftspolitische Ziele**

* Magie = Zauberkraft, d. h., es würde magischer Kräfte bedürfen, um alle vier Ziele gleichzeitig zu erreichen.

## III. Bereiche der staatlichen Wirtschaftspolitik

| | | | | | |
|---|---|---|---|---|---|
| Beschäftigungspolitik | Geldpolitik | Fiskal-(Haushalts-)politik | Außenwirtschaftspolitik | Konjunkturpolitik | Steuerpolitik |
| Vermögenspolitik | Sozialpolitik | Wettbewerbspolitik | Energiepolitik | Strukturpolitik | EU-Politik |

... und andere Bereiche

**Rahmen- oder Ordnungspolitik,**
z. B. Wettbewerbsgesetzgebung

**Prozess- oder Ablaufpolitik,**
z. B. Geldpolitik

## IV. Mitgestalter der staatlichen Wirtschaftspolitik und Einfluss nehmende Organisationen

OFFIZIELLE TRÄGER DER STAATLICHEN WIRTSCHAFTSPOLITIK

PRIVATE (INOFFIZIELLE) TRÄGER DER STAATLICHEN WIRTSCHAFTSPOLITIK

- **Parlamente**, z. B. EU-Parlament, Bundestag, Bundesrat, Landtage, Stadt-, Gemeindeparlamente
- **Regierungen**, z. B. EU-Kommission, Bundesregierung, Länderregierungen, lokale Verwaltungen
- **Europäisches System der Zentralbanken** (ESZB), nationale Zentralbanken
- **Nationale Organisationen:** Unternehmensverbände (z. B. Bundesverband der deutschen Industrie, Zentralverband des deutschen Handwerks), Gewerkschaften (z. B. IG Metall, ver.di), Kammern (z. B. IHK, Handwerks-, Landwirtschaftskammern), Berufsverbände (z. B. Verband deutscher Ingenieure), Interessenverbände (z. B. ADAC), Pressuregroups, Lobbyisten, Kartellbehörden, Bundesanstalt für Arbeit u. v. a.
- **Internationale Organisationen,** z. B. Weltwährungsfonds, OPEC (Organization of Petroleum Exporting Countries), OECD (Organization for Economic Cooperation and Development)

## IV. Einflussgrößen auf die Zielerreichung

| | | | |
|---|---|---|---|
| Konjunkturschwankungen | Außenwirtschaftliche Einflüsse | Politische Ereignisse | Gesetzgebung |
| Zinsentwicklung | Demographische Entwicklungen | Strukturwandel | EU-Harmonisierung |

... und andere mehr

## ARBEITSAUFTRÄGE UND FRAGEN ZUR STOFFERSCHLIESSUNG

1. Lesen Sie die Ausgangssituation aufmerksam durch und beantworten Sie danach die folgenden Auswertungsfragen.
   a) Wie erklären Sie sich die in der Meinungsumfrage festgestellte Hinwendung der Deutschen zu „mehr Markt und freiem Wettbewerb" und ihre Abkehr vom Streben nach mehr Sicherheit?
   b) Sind Sie auch der Auffassung von 58 % der Befragten, dass „die Sicherung des Wohlstandes ... in erster Linie die Aufgabe des Einzelnen" sei? Nehmen Sie zu dieser Frage kurz Stellung.
2. Befassen Sie sich nun mit der Übersicht über die „Wirtschaftspolitik in der sozialen Marktwirtschaft" (Sachdarstellung).
   a) Welche beiden wirtschaftspolitischen Grundkonzepte können unterschieden werden?
   b) Welche Aufgaben (Funktionen) hat der Staat in den einzelnen Grundkonzepten?
   c) Welche Zielgrößen der staatlichen Wirtschaftspolitik werden im Stabilitätsgesetz genannt und welche weiteren Zielgrößen gibt es? (Insgesamt sechs Angaben!)
   d) Welche Bereiche der staatlichen Wirtschaftspolitik können unterschieden werden? (Insgesamt zehn Angaben!)
   e) Nennen Sie je ein praktisches Beispiel für die Rahmen- oder Ordnungspolitik und für die Prozess- oder Ablaufpolitik.
   f) Wer fungiert als Mitgestalter der staatlichen Wirtschaftspolitik und welche Organisationen nehmen auf sie Einfluss?
   g) Welche Faktoren haben Einfluss darauf, ob die angestrebten staatlichen Ziele auch tatsächlich erreicht werden?

# 8.2 Welche Wirtschaftspolitik soll der Staat betreiben?

## AUSGANGSSITUATION

**Auszug aus einem Streitgespräch zwischen einem Unternehmer und einem Gewerkschafter:**

**Unternehmer: „Zur Schaffung neuer Arbeitsplätze und damit zu einer Verbesserung der Arbeitsmarktsituation wird es nur dann kommen, wenn die Unternehmer mehr investieren. Voraussetzung dafür sind steigende Gewinne bzw. sinkende Produktionskosten. Es ist ein ehernes Gesetz der Marktwirtschaft: Ohne Aussicht auf Gewinne wird kein Unternehmer Investitionen vornehmen. Der frühere Bundeskanzler Helmut Schmidt hat diesen eindeutigen Beziehungszusammenhang klar erkannt und ihn wie folgt formuliert: ‚Die Gewinne von heute sind die Investitionen von morgen und die Arbeitsplätze von übermorgen.' Damit Unternehmer Gewinne erzielen können, müssen insbesondere der Lohnkostendruck verringert und die Produktivität durch längere Arbeitszeiten erhöht werden. Außerdem muss der Staat Steuererleichterungen für Unternehmen gewähren und Innovationen fördern. Kurz, die Übernahme von unternehmerischem Risiko muss belohnt werden."**

**Gewerkschafter: „Es muss aber auch der Arbeitnehmer am Produktivitätsfortschritt beteiligt werden. Was nutzen all die vielen, in den einzelnen Unternehmungen hergestellten Produkte, wenn sie für die breite Masse der Bevölkerung unerschwinglich sind?! In ihrem eigenen Interesse müssen die Unternehmer versuchen die Massenkaufkraft zu stärken. Nur wenn ausreichend Nachfrage nach den Produkten und Dienstleistungen vorhanden ist, erzielen die Unternehmer gute Umsätze und machen die für die Investitionen benötigten Gewinne. Den Beweis für die Richtigkeit dieser Aussage liefert die Konjunkturentwicklung in der zweiten Hälfte der Neunzigerjahre in Deutschland. Der deutsche Außenhandel erzielte damals immer neue Rekordergebnisse. Das zeigt, dass die deutsche Wirtschaft international auch bei vergleichsweise hohem Lohnniveau durchaus konkurrenzfähig war. Trotz der enormen Exportsteigerungen kam es in dieser Zeit nicht zu einem echten Wirtschaftsaufschwung; der Grund dafür lag in der lahmenden Binnenkonjunktur. Die Einkommenssteigerungen in den Jahren vor der Jahrtausendwende waren zu gering, um die Nachfrage nach Konsumgütern anzuheizen und damit einen deutlichen Konjunkturaufschwung einzuleiten."**

**Wer hat Recht?**

## SACHDARSTELLUNG

### 1. Die nachfrageorientierte Wirtschaftspolitik

Sie geht auf den englischen Wirtschaftsprofessor **John Maynard Keynes** (1883–1946) zurück. Er und seine Anhänger gehen von der Grundannahme aus, dass das **marktwirtschaftliche System wesensgemäß instabil** ist, dass es immer wieder zu Krisen mit schlimmen Folgen für die Beschäftigten kommt. Nach Ansicht von Keynes reichen die Selbsthilfekräfte des Marktes nicht aus, um ein Gleichgewicht bei Vollbeschäftigung herzustellen. Es kann sich auch ein **gesamtwirtschaftliches Gleichgewicht bei Unterbeschäftigung** einstellen. Der Staat habe deshalb die Aufgabe, mithilfe einer **antizyklischen Fiskalpolitik** für Vollbeschäftigung zu sorgen. Hierbei muss die staatliche Wirtschaftspolitik bei der gesamtwirtschaftlichen Nachfrage ansetzen. Sie ist der wichtigste Bestimmungsfaktor für die Beschäftigung und die Höhe des Volkseinkommens.

Um die staatliche Nachfrage beeinflussen zu können, muss sich der Staat in der Volkswirtschaft in hohem Maße engagieren. Er muss eine **aktive Haushalts- bzw. Fiskalpolitik** betreiben. Im Rahmen dieser Politik müssen **Konjunkturprogramme** aufgestellt werden, die zunächst über eine **höhere Staatsverschuldung** zu finanzieren sind. Die gestiegene Staatsverschuldung soll in Zeiten des konjunkturellen Aufschwungs und der nachfolgenden Boomphase durch die dann erzielten **Steuermehreinnahmen** wieder abgebaut werden.

Das wichtigste **wirtschaftspolitische Instrument** der staatlichen Wirtschaftspolitik ist also die **Fiskalpolitik**, also die Einnahmen- und Ausgabenpolitik des Staates. Wegen der zentralen Bedeutung dieser Politik für die Herstellung eines gesamtwirtschaftlichen Gleichgewichts werden die Anhänger dieser Art Wirtschaftspolitik als **„Fiskalisten"** bezeichnet.

Befindet sich die Volkswirtschaft in einer **Rezessionsphase**, dann muss nach Ansicht der Fiskalisten die staatliche Nachfrage z. B. durch Vorziehen von staatlichen Investitionen gesteigert werden. Um die **private Konsumgüternachfrage zu erhöhen**, müssen die **direkten Steuern gesenkt** und die **staatlichen Transferzahlungen erhöht** werden. Für die **Unternehmer** sind **Anreize für private Investitionen** zu schaffen, beispielsweise durch Gewährung von Sonderabschreibungsmöglichkeiten, Zahlung von Investitionsprämien, Senkung der Einkommen- und Körperschaftsteuer oder durch Gewährung von Subventionen. Die Europäische Zentralbank soll in der Rezessionsphase eine Politik des „billigen Geldes" betreiben und dadurch Konsum- und Investitionsanreize schaffen.

Die **Kritik** an der nachfrageorientierten Wirtschaftspolitik betrifft vor allem folgende Sachverhalte:

- Durch **falsche und zu kurzfristig angelegte Eingriffe des Staates** in die Wirtschaft werden die Marktkräfte daran gehindert, ein Gleichgewicht bei hohem Beschäftigungsstand herzustellen.
- Die nachfrageorientierte Wirtschaftspolitik sei eine Stop-and-go-Politik, weil **Konjunkturschwankungen** durch Überdosierungen und auftretende Timelags noch **verstärkt** werden.
- Durch überdimensionierte Sozialleistungen werden das **Anreizsystem der Marktwirtschaft ausgehöhlt** und das **Anspruchsdenken gefördert**. Infolgedessen nehmen immer mehr Bürger staatliche Leistungen in Anspruch, statt eigene Leistungen zu erbringen.
- Andererseits **beschneide die staatliche Umverteilungspolitik die Gewinne der Anbieter** so stark, dass für Investitionen kein ausreichender Finanzspielraum mehr vorhanden ist.

## 2. Die angebotsorientierte Wirtschaftspolitik

Die Vertreter dieser Art staatlicher Wirtschaftspolitk, zu denen der amerikanische Nobelpreisträger **Milton Friedman**[1] gehört und die in der volkswirtschaftlichen Literatur als **Monetaristen**[2] bezeichnet werden, **halten alle staatlichen Eingriffe für schädlich**. Sie sehen in den staatlichen Interventionen zur Nachfragesteuerung die wichtigste Ursache für konjunkturelle Schwankungen.

Dieses wirtschaftspolitische Konzept beruht auf der **Überzeugung, dass die Marktkräfte mittel- oder langfristig zu einem Gleichgewicht bei Vollbeschäftigung führen**. Können die Marktkräfte wirksam werden, ist eine **staatliche Konjunkturpolitik überflüssig**. Um die Stabilität des marktwirtschaftlichen Systems nicht zu stören, soll sich der **Staat weitgehend aus dem privaten Sektor zurückziehen**. Die staatlichen Aktivitäten sollten auf die ursprünglichen Kernbereiche (Verteidigung, Bildung, Verkehr u. a.) zurückgeführt werden. Staatliche Unternehmen sind zu privatisieren und Monopole müssen aufgelöst werden. Durch Korrekturen am sozialen Regelwerk sollen die **marktwirtschaftlichen Antriebskräfte gestärkt** werden. Der **Privatinitiative** sollte wieder der **Vorrang vor staatlicher Betätigung** in der Wirtschaft eingeräumt werden. Das Motto lautete: mehr Markt – weniger Staat – schlanker Staat.

**Außer einer stabilitätsorientierten Veränderung der Geldmenge** habe der **Staat** insbesondere die **Aufgabe, die Bedingungen der Produktion zu verbessern**. Unabdingbare **Voraussetzung** für eine **Verbesserung der konjunkturellen Situation** sei eine **Steigerung der Unternehmensrentabilität**. Nur wenn die **Produktionskosten verringert** werden und wenn dadurch die **internationale Wettbewerbsfähigkeit** verbessert wird, werden die Unternehmer **mehr Investitionen** tätigen und damit **das gesamtwirtschaftliche Beschäftigungsniveau anheben**. Initialwirkung für einen Konjunkturaufschwung haben vor allem **Steuererleichterungen** für Unternehmer, die Einräumung **erhöhter Abschreibungen**, die Förderung von **Innovationen** und der **Abbau des Lohnkostendrucks**.

Auch müssen die **Rahmenbedingungen** für eine Intensivierung der Investitionstätigkeit stimmen. Dazu gehören der **Abbau bürokratischer Hemmnisse** bei der Durchführung von Investitionen, eine möglichst große **Konstanz der staatlichen Wirtschaftspolitik**, die **Rückführung des staatlichen Anteils am Sozialprodukt** (die sog. **Staatsquote**) auf ein vernünftiges Maß sowie die Schaffung von Leistungsanreizen in der Wirtschaft (Motto: „Mehrleistung muss sich lohnen!").

**Wichtigstes Instrument** der angebotsorientierten Wirtschaftspolitik ist die **Geldpolitik**. Nach Überzeugung der Monetaristen ist sie der wichtigste Bestimmungsfaktor für die Beschäftigung und die Höhe des Volkseinkommens. Ihr ist gegenüber allen anderen wirtschaftspolitischen Instrumenten der absolute Primat einzuräumen. Die Steuerung der Geldmenge orientiert sich am **Wachstum des Produktionspotenzials**. Um ein bestimmtes Geldmengenziel zu erreichen (z. B. jährlich 5 % Steigerung), werden von der **Europäischen Zentralbank** (EZB) geldpolitische Instrumente wie z. B. die Offenmarktpolitik[3] eingesetzt.

Befindet sich die Volkswirtschaft in einer **Rezessionsphase**, dann muss die staatliche Wirtschaftspolitik nach Auffassung der Monetaristen in erster Linie die **Selbstheilungskräfte des Marktes stärken**, z. B. durch Steuererleichterungen für innovative Unternehmen, Abbau von Sozialleistungen, Flexibilisierung des Arbeitsmarkts, Abbau bürokratischer Hemmnisse, durch Deregulierungen und langfristige Senkung der Steuern. Das Geldmengenwachstum ist am Wachstum des Produktionspotenzials auszurichten und hat deshalb inflationsneutralen Charakter. Hinzu kommen Maßnahmen zur Förderung des Wirtschaftswachstums.

Die Kritik an der Angebotsorientierung der staatlichen Wirtschaftspolitik bezieht sich vor allem auf die realen **sozialpolitischen Auswirkungen** dieses Konzepts:

- Eine Wirtschaftspolitik nach den Gesetzen des Marktes sei in höchstem Grade **unsozial**, da die Entlohnung ausschließlich nach Marktleistungsgesichtspunkten zu starken Differenzierungen beim Einkommen führe. Die Gesellschaft werde in **Leistungsfähige** mit hohem Einkommen und in **Nichtleistungsfähige** mit sehr geringem Einkommen aufgeteilt. Die Dominanz des Marktes führt zu **privatem Reichtum** bei einigen Wenigen und zu einer Unterversorgung mit Kollektivgütern, also zu **öffentlicher Armut**.
- **Der Markt kann wichtige Aufgaben nicht lösen**, so z. B. Aufgaben im sozialen und kulturellen Bereich. Deshalb fehlt diesem Konzept die **„sozialen Balance"**.

## 3. Die Wirtschaftspolitik in der Realität

Die Frage nach dem Primat des Marktes oder des Staates in der staatlichen Wirtschaftspolitk **überschneidet sich inhaltlich** mit dem Problem, ob sie mehr angebots- oder mehr nachfrageorientiert gestaltet werden soll. In der **praktischen Wirtschaftspolitik** wird weder die eine noch die andere Strategie lupenrein durchgeführt werden können. Abgesehen von bestimmten **Akzentsetzungen** wird sich vielfach eine **Mischstrategie als notwendig erweisen, die auf beide** Seiten des Marktgeschehens Einfluss nimmt.

## ARBEITSAUFTRÄGE UND FRAGEN ZUR STOFFERSCHLIESSUNG

1. Eignen Sie sich mithilfe der Ausführungen in der Sachdarstellung zunächst einmal das erforderliche Fachwissen für die Beantwortung der in der Ausgangssituation gestellten Frage an. Stellen Sie bei Bedarf Fragen an Ihren BWL-Lehrer. Beantworten Sie sodann folgende **Fragen zur nachfrageorientierten Wirtschaftspolitik**.
   a) Welche Hauptaufgabe kommt dem Staat im Rahmen der Konjunkturpolitik zu?
   b) Welchem Ziel des wirtschaftlichen Gleichgewichts wird von den Fiskalisten oberste Priorität eingeräumt, welches Ziel hat hingegen nachgeordnete Bedeutung?
   c) Welche Aufgabe hat der Staat in Zeiten schlechter Konjunktur?
2. Beantworten Sie die folgenden **Fragen zur angebotsorientierten Wirtschaftspolitik**.
   a) Welchen Stellenwert haben bei dieser Art Wirtschaftspolitik Staatseingriffe in die Wirtschaft?
   b) Was ist nach Ansicht der Monetaristen Voraussetzung für höhere Investitionen der Unternehmer und für eine Verbesserung des gesamtwirtschaftlichen Beschäftigungsniveaus?
   c) Welche konkreten Forderungen stellen die Monetaristen an die staatliche Wirtschaftspolitik? (5 Angaben)
3. Nach eingehender Beschäftigung mit den Wesenselementen der angebots- und nachfrageorientierten Wirtschaftspolitik sollten Sie nunmehr in der Lage sein die nach der Ausgangssituation gestellte Frage zu beantworten und für die eine oder andere Position Stellung zu beziehen.

1 Amerikanischer Nationalökonom und Nobelpreisträger von 1976, geb. 1912.
2 Monetär: geldlich, geldmäßig, die Geldmenge betreffend
3 Kauf und Verkauf von Wertpapieren am offenen Markt zum Zwecke der Geldmengensteuerung

## 8.3 Worauf beruht die breite Akzeptanz der sozialen Marktwirtschaft?

### AUSGANGSSITUATION

**DGB sucht Frieden mit dem Kapital**

In Programmentwurf Lob für soziale Marktwirtschaft

**Düsseldorf (AP/ah). Der Deutsche Gewerkschaftsbund bekennt sich im Entwurf seines neuen Grundsatzprogramms erstmals ausdrücklich zur sozialen Marktwirtschaft. „Sie ist besser als andere Wirtschaftsordnungen geeignet die Ziele der Gewerkschaften zu erreichen", sagte DGB-Chef Dieter Schulte. Damit rückt der DGB von seiner alten Position ab, in der das Kapital für alle Missstände verantwortlich gemacht wird.**

Schulte sieht aber Unterschiede zwischen der „real existierenden sozialen Marktwirtschaft", die weder Massenarbeitslosigkeit verhindert noch soziale Gerechtigkeit hergestellt habe, und der sozialen Marktwirtschaft, die dem DGB vorschwebt: einer „unauflösbaren Einheit von marktwirtschaftlicher Steuerung, aktiv handelndem Sozialstaat, gesellschaftlichem Dialog und Mitbestimmung".

aus: Südwestpresse (NWZ) vom 26. März 1996

### SACHDARSTELLUNG

**1. Versuch einer Systematisierung der Positivaspekte**

Die soziale Marktwirtschaft ist von Anfang an mit dem Anspruch angetreten, die Vorteile der freien Marktwirtschaft mit denen einer gemeinwohlorientierten Wirtschaftsweise zu verbinden. Dementsprechend ergeben sich zunächst einmal Vorteile aus dem **(1) Konkurrenzprinzip** und aus dem **(2) Sozialstaatsprinzip.** Weitere Vorteile der sozialen Marktwirtschaft ergeben sich aus dem Zusammenwirken beider gegensätzlicher Pole. Das waren zunächst einmal die weltweit bestaunten Ergebnisse des **(3) raschen Wiederaufbaus nach dem Zweiten Weltkrieg** und des sich in der Folgezeit einstellenden **(4) relativ hohen Lebensstandards** in der Bundesrepublik Deutschland. Eine weitere Kategorie von Vorteilen wird mit **(5) „sonstige"** überschrieben.

**2. Der Lebensstandard in Deutschland im internationalen Vergleich**

**WOHLSTAND / Deutschland auf Platz acht**

# Schweiz – reichstes Land

**Die Schweiz führt weiter die Liste der reichsten Länder der Welt an: Die Bundesrepublik rutschte erneut ab und belegt jetzt Platz acht.**

WASHINGTON ■ Die Schweiz bleibt das reichste Land der Welt – gemessen am Pro-Kopf-Bruttoeinkommen von 40.080 Dollar im vergangenen Jahr. Das geht aus dem jüngsten Weltentwicklungsbericht der Weltbank hervor. Deutschland ist danach erneut um einen Rang abgerutscht und nimmt nun mit 25.850 Dollar Platz acht in der Weltrangliste ein. Vor der Bundesrepublik liegen Norwegen (34.330 Dollar), Dänemark (33.260 Dollar), das um zwei Plätze abgerutschte Japan (32.380 Dollar), Singapur (30.060 Dollar), die USA (29.340 Dollar) und Österreich (26.850 Dollar), das seinen Platz mit Deutschland getauscht hat. Rang neun und zehn nehmen Schweden (25.620 Dollar) und Belgien (25.380 Dollar) ein. Die ärmsten Länder der Welt liegen in Afrika, wobei Äthiopien mit einem Jahreseinkommen von 100 Dollar pro Kopf Schlusslicht ist.

Nimmt man die Kaufkraft als Gradmesser, liegen die USA auf Platz eins, gefolgt von Singapur und der Schweiz. Deutschland liegt mit einer Pro-Kopf-Kaufkraft von 18.726 Euro auf Platz 20. Die Kaufkraft ist die Fähigkeit, mit einer bestimmten Geldmenge eine bestimmte Ware zu erwerben. dpa

aus: Südwestpresse (NWZ) vom 17. Sept. 1999

**3. Die Lebensqualität in Deutschland im internationalen Vergleich**

Der UNDP-Index für menschliche Entwicklung misst außer der Wirtschaftsleistung (Pro-Kopf-Bruttoinlandsprodukt) auch noch die durchschnittliche Lebenserwartung zum Zeitpunkt der Geburt und den Bildungsstand der Bevölkerung. Außer dem finanziellen und materiellen Wohlstand werden auch die Chancen auf persönliche Entwicklung und eigene Lebensgestaltung mit in die Berechnungen einbezogen. Danach ergibt sich folgende Rangfolge der Staaten in Bezug auf Lebensqualität:
1 Kanada – 2 Norwegen – 3 USA – 4 Japan – 5 Belgien – 6 Schweden – 7 Australien – 8 Niederlande – 9 Island – 10 Großbritannien – 11 Frankreich – 12 Schweiz – 13 Finnland – 14 Deutschland – 15 Dänemark – 16 Österreich – ... – 19 Italien – ... – 21 Spanien – ... 27 Griechenland – ... 172 Äthiopien – 173 Niger – 174 Sierra Leone.

aus: Globus 5723

### ARBEITSAUFTRAG

Erarbeiten Sie auf der Grundlage der angegebenen Stichworte eine Übersicht über die Positivaspekte der sozialen Marktwirtschaft. Verwenden Sie hierzu die folgende Arbeitsvorlage.

# DIE VORTEILE DER SOZIALEN MARKTWIRTSCHAFT

## (1) Vorteile, die sich aus dem System der freien Marktwirtschaft ergeben

- **Entfaltungsfreiheit:**
- **Ergiebigkeit** (Wirtschaftlichkeit):
- **Güterversorgung:**
- **Lebensstandard:**

## (2) Vorteile, die mit dem Sozialstaatsprinzip zusammenhängen

- **Gesetzliche Sicherungen** (Beispiele):
- **Betriebliche Schutzmaßnahmen:**
- **Schutzmaßnahmen für einzelne Personengruppen:**

## (3) Vorteile, die sich im Laufe der Entwicklung ergeben haben

- **Aufbauleistungen:**
  a) allgemein:
  b) gesellschaftspolitische:
  c) wirtschaftspolitische:
  d) sozialpolitische:
- **Schaffung neuer Institutionen z. B. einer leistungsstarken**
  ______________ struktur.

## (4) Vorteile, die mit dem relativ hohen Lebensstandard zusammenhängen

- **Durchschnittseinkommen:**
- **Privatvermögen:**
- **Wochenarbeitszeit:**
- **Freizeitgestaltung:**
- **Wohnniveau:**
- **Nahrung und Kleidung (Konsumniveau):**
- **Lebensqualität:**

## (5) Sonstige (außerökonomische) Vorteile

- **Technischer Fortschritt:**
- **Flexibilität des Systems bei Datenänderungen:**
- **Bildungs- und Ausbildungsniveau:**
- **Sozialer Standard:**
- **Medizinische Versorgung:**
- **Politische Freiheiten:**

# 8.4 Welche wichtigen wirtschaftspolitischen Probleme[1] müssen in der sozialen Marktwirtschaft noch gelöst werden?

## AUSGANGSSITUATION

**Schlagzeilen aus der Tagespresse (in den Neunzigerjahren):**

1. **„Über vier Millionen ohne Beschäftigung – höchster Stand seit Bestehen der sozialen Marktwirtschaft".**
2. **„Neue Fusionswelle rollt über Deutschland – Starke Zunahme der Unternehmenskonzentration"; „Die Korruption blüht auf allen Ebenen – immer mehr Bestechungen und Preisabsprachen."**
3. **„Ebbe in den Staatshaushalten – Die Staatsverschuldung überschreitet die 2-Billionen-Grenze" (1994).**
4. **„Die Konjunktur- und Strukturkrise von 1992/93 kostet über 900 000 Arbeitsplätze."**
5. **„Die Kluft zwischen Arm und Reich ist größer denn je – Wissenschaftler: Gerechtigkeit bleibt auf der Strecke"; „Deutschlands Reiche werden immer reicher – Ein Drittel mehr Milliardäre"; „Sozialhilfe auf Rekordhöhe."**
6. **„Kein Ende des Waldsterbens in Sicht" – „Deutschland erstickt im Müll."**
7. **„Vodafon plant feindliche Übernahme von Mannesmann!"**

## SACHDARSTELLUNG

### 1. Das Beschäftigungsproblem

**a) Statistisches Material**

- **Arbeitslosenquote (AQ) in Deutschland:** Arbeitslose in Prozent der abhängigen Erwerbspersonen (ab 1995 Gesamtdeutschland)

| Jahr | 1950 | 1955 | 1960 | 1965/71 | 1975 | 1980 | 1985 | 1990 | 1995 | 1998 | 2000 |
|---|---|---|---|---|---|---|---|---|---|---|---|
| AQ (%) | 11,0 | 5,6 | 1,3 | 0,7 | 4,7 | 3,8 | 9,3 | 7,2 | 10,6 | 11,1 | 9,9 |

- **Zahl der registrierten Arbeitslosen (AL) in Mio.:**
1975: 1,07 – 1983: 2,3 – 1990: 1,9 – 1992 (Gesamtdeutschland): 2,98 – 1993: 3,4 – 1994: 3,7 – 1995: 3,6 – 1996: 3,97 – 1997: 4,38 – 1998: 4,28 – 1999: 4,18 – 2000: 3,9 – 2001: 3,85 – 2002: 3,96. aus: Globus 5341, 5396
Den 3,9 Mio. Arbeitslosen im Jahr 2000 standen fast 1,5 Mio. offene Stellen gegenüber.

- **Wer ist arbeitslos:** Eine Untersuchung der Arbeitslosigkeit in Deutschland im Jahre 2000 ergibt folgendes Bild: Von je 100 Arbeitslosen waren ... (Zahlen für Ostdeutschland in Klammern) 3 (4) Jugendliche (unter 20 Jahren), 13 (3) nur an Teilzeit Interessierte, 29 (21) gesundheitlich Angeschlagene, 46 (22) ohne Berufsausbildung (Hilfsarbeiter), 49 (43) mit unterbrochener Berufstätigkeit, 37 (35) ein Jahr und länger arbeitslos, 23 (18) Ältere (ab 55 Jahre), 5 (3) ohne jede Berufserfahrung.
aus: Globus 6958, Quelle: Bundesanstalt für Arbeit, Nürnberg

- **Wie groß ist die Jugendarbeitslosigkeit in Deutschland?**
Arbeitslose in Deutschland unter 25 Jahren in 1 000:

| Jahr | 1995 | 1996 | 1997 | 1998 | 1999 | 2000 |
|---|---|---|---|---|---|---|
| insgesamt | 431 | 476 | 501 | 472 | 429 | 428 |
| davon 20–25 Jahre | 336 | 368 | 388 | 363 | 328 | 327 |
| unter 20 Jahre | 95 | 107 | 114 | 108 | 101 | 101 |

Arbeitslosenquote im Jahr 2000 insgesamt: 10,7 %; Arbeitslosenquote für Jugendliche: 9,5 %; in Westdeutschland: Jugendarbeitslosenquote 7,7 %, in Ostdeutschland 16,6 %. aus: Globus 7263, Quelle: Bundesanstalt für Arbeit, Nürnberg

- **Wie verteilt sich die Arbeitslosigkeit auf die einzelnen Bundesländer?**
Arbeitslosenquote (bezogen auf alle zivilen Erwerbspersonen) 2000 in % (Jahresdurchschnitt):
Sachsen-Anhalt 20,2 % – Mecklenburg-Vorpommern 17,8 % – Brandenburg 17,0 % – Sachsen 17 % – Berlin 15,8 % – Thüringen 15,4 % – Bremen 13,0 % – Saarland 9,8 % – Niedersachsen 9,3 % – Nordrhein-Westfalen 9,2 % – Hamburg 8,9 % – Schleswig-Holstein 8,5 % – Hessen 7,3 % – Rheinland-Pfalz 7,3 % – Bayern 5,5 % – Baden-Württemberg 5,4 %. Durchschnittliche Arbeitslosenquote in den ostdeutschen Bundesländern: 17,4 %. aus: Globus 6803, Quelle: Bundesanstalt für Arbeit, Nürnberg

**b) Mögliche Ursachen der Arbeitslosigkeit:**

1. Jahreszeitliche Beschäftigungsschwankungen, z. B. in Hotelbetrieben;
2. Beschäftigungsschwankungen wegen Arbeitsplatzwechsel (wegen vorhandener Friktionen, d. h. Reibungen);
3. Beschäftigungsschwankungen infolge konjunktureller Einflüsse;
4. Beschäftigungsschwankungen als Folge von Strukturveränderungen, z. B.
   a) Arbeitslosigkeit von Jugendlichen, älteren Arbeitnehmern, Frauen,
   b) Arbeitslosigkeit durch technischen Fortschritt (Substitution von Arbeit durch Kapital),
   c) Arbeitslosigkeit infolge rückläufiger Nachfrage (Marktsättigung),
   d) Arbeitslosigkeit in industrieschwachen Regionen,
   e) Arbeitslosigkeit durch steigendes Arbeitskräfteangebot, z. B. geburtenstarke Jahrgänge.

---

1 Die im Folgenden zu erörternden wirtschaftspolitischen Probleme treten in mehr oder weniger starkem Umfang in **allen** entwickelten Industriestaaten auf; sie sind also keineswegs ein nur für die soziale Marktwirtschaft typisches Phänomen. Jedoch erweist sich die Qualität eines Wirtschaftsordnungssystems zweifellos daran, ob es mit den zu bewältigenden wirtschaftspolitischen Problemen besser oder schlechter fertig wird als andere Wirtschaftssysteme.

## 2. Das Konzentrationsproblem

**● Unternehmenszusammenschlüsse in Deutschland (1985–2000)**

| Jahr | 1985 | 1990 | 1991 | 1992 | 1993 | 1994 | 1995 | 1996 | 1997 | 1998 | 1999 | 2000 |
|---|---|---|---|---|---|---|---|---|---|---|---|---|
| Fusionen | 709 | 1 548 | 2 007 | 1 743 | 1 514 | 1 564 | 1 530 | 1 434 | 1 751 | 1 888 | 1 182 | 1 429 |

aus: dpa Grafik 3428

**● Firmen-Hochzeiten international**

| Jahr / Fusionsentwicklung | 1990 | 1991 | 1992 | 1993 | 1994 | 1995 | 1996 | 1997 | 1998 | 1999 | 2000 |
|---|---|---|---|---|---|---|---|---|---|---|---|
| Fusionsvolumen in Milliarden Dollar | 450 | 400 | 400 | 480 | 570 | 950 | 1 100 | 1 600 | 2 105 | 3 320 | 3 495 |
| Zahl der Fusionen weltweit | 9 000 | 13 200 | 12 700 | 13 000 | 15 500 | 18 400 | 19 700 | 20 900 | 23 100 | 25 000 | 37 000 |
| davon transnationale Fusionen | 2 503 | 2 854 | 2 721 | 2 835 | 3 494 | 4 247 | 4 569 | 4 987 | 5 597 | 6 233 | 7 335 |
| Fusionsentscheidungen der EU-Kommission (Genehmigungen) | – | 54 | 51 | 52 | 84 | 98 | 113 | 128 | 226 | 263 | 331 |
| Von der EU-Kommission ausgesprochene Fusionsverbote | – | 1 | – | – | 1 | 2 | 3 | 3 | 2 | 1 | 2 |

aus: iwd vom 30. Aug. 2001

**● Unternehmenskonzentration weltweit**

Praktische Beispiele für Großfusionen (Auszug)

- **Automobilbranche:** DaimlerChrysler 36,8 Mrd. Euro – Ford/Volvo 6,1 Mrd. Euro – Renault/Nissan 5,1 Mrd. Euro
- **Stahlbereich:** Thyssen/Krupp 8,3 Mrd. Euro – Alcoa/Reynolds 5,1 Mrd. Euro – Alcan/Pichev/Alusiusse 5,1 Mrd. Euro
- **Banken:** Citicorp/Travelers Group 67 Mrd. Euro – Bank of America/Nationsbank 56,8 Mrd. Euro
- **Telekommunikation:** Mannesmann/Vodafone 210,1 Mrd. Euro – CBS/Ameritech 46,5 Mrd. Euro – GTE/Bell Atlantic 66,5 Mrd. Euro
- **Energiebereich:** Exxon/Mobil 79,8 Mrd. Euro – Elf/Tofalfina 51,1 Mrd. Euro – BP/Amoco/Arco 25,6 Mrd. Euro
- **Medien:** AOL/Time Warner 153,4 Mrd. Euro

aus: Politik – Aktuell für den Unterricht, Arbeitsmaterialien aus Politik, Wirtschaft und Gesellschaft, 28. April 2000 (G 2251)

## 3. Die steigende Staatsverschuldung

**Statistisches Material**

**● Schuldenstand und Schuldenquote des öffentlichen Gesamthaushalts**

| Jahr | 1983 | 1985 | 1987 | 1989 | 1991 | 1993 | 1995 | 1997 | 1998 | 2000 |
|---|---|---|---|---|---|---|---|---|---|---|
| in Mrd. € | 341 | 387 | 432 | 473 | 596 | 766 | 1.050 | 1.141 | 1.176 | 1.216 |
| in %[1] | 39,8 | 41,2 | 42,1 | 41,1 | 41,3 | 48,5 | 59,5 | 61,3 | 61,0 | 60,8 |

Wie aus dem vorstehenden Zahlenmaterial zu entnehmen ist, konnte die zur Stabilhaltung des Euro von den Teilnehmerländern der Europäischen Währungsunion im Vertrag von Maastricht **vereinbarte Schuldengrenze von 60 Prozent (sog. Konvergenzkriterien)** von Deutschland in den Jahren 1997 und 1998 **nicht eingehalten** werden.

**Die Zinsausgaben** der öffentlichen Haushalte hatten sich im Jahre 1999 gegenüber 1990 mehr als verdoppelt. Sie betrugen 70 Mrd. €; das waren 16 % der gesamten Steuereinnahmen.

**● Die Schuldenquote im internationalen Vergleich (1998)**

Belgien 117,3 – Italien 118,7 – Niederlande 67,7 – Spanien 65,6 – Österreich 63,1 – Frankreich 58,5 – Dänemark 58,1 – Portugal 57,8 – Irland 52,1 – Finnland 49,6 – Großbritannien 49,4 – Luxemburg 6,7

Zahlenangaben aus: Globus 4716, 4845, 5470, 5623

## 4. Die Krisenanfälligkeit

**a) Statistisches Material**

**Die Entwicklung des realen Bruttosozialprodukts in der sozialen Marktwirtschaft** (in Prozent):[2]

| 1950 | 1951 | 1952 | 1953 | 1954 | 1955 | 1956 | 1957 | 1958 | 1959 |
|---|---|---|---|---|---|---|---|---|---|
| 12,8 | 10,4 | 8,9 | 8,2 | 7,4 | 12,0 | 7,3 | 5,7 | 3,7 | 7,3 |

| 1960 | 1961 | 1962 | 1963 | 1964 | 1965 | 1966 | 1967 | 1968 | 1969 |
|---|---|---|---|---|---|---|---|---|---|
| 9,0 | 4,8 | 4,4 | 3,1 | 6,6 | 5,4 | 2,6 | – 0,1 | 6,1 | 7,5 |

| 1970 | 1971 | 1972 | 1973 | 1974 | 1975 | 1976 | 1977 | 1978 | 1979 |
|---|---|---|---|---|---|---|---|---|---|
| 5,0 | 3,2 | 4,1 | 4,6 | 0,5 | – 1,6 | 5,6 | 2,8 | 3,5 | 4,0 |

1 der Wirtschaftsleistung (ab 1991 Gesamtdeutschland)
2 ab 1990 Bruttoinlandsprodukt – ab 1991 Gesamtdeutschland

| 1980 | 1981 | 1982 | 1983 | 1984 | 1985 | 1986 | 1987 | 1988 | 1989 |
|---|---|---|---|---|---|---|---|---|---|
| 1,5 | 0,0 | – 1,0 | 1,9 | 3,3 | 1,9 | 2,3 | 1,7 | 3,6 | 4,0 |

| 1990 | 1991 | 1992 | 1993 | 1994 | 1995 | 1996 | 1997 | 1998 | 1999 |
|---|---|---|---|---|---|---|---|---|---|
| 5,7 | 5,0 | 2,2 | – 1,2 | 2,7 | 1,2 | 1,3 | 2,2 | 2,8 | 1,2 |

| 2000 | 2001 | 2002 |
|---|---|---|
| 3,0 | 0,7 | 0,6[1] |

aus: Globus 8102, 8133, 7694, 6588, 3176, 5327

**b) Begriffliches:**

● **Konjunkturpolitik** kann als **Summe aller staatlichen Maßnahmen zur Steuerung des Wirtschaftsgeschehens** definiert werden. **Zwei Arten:** Der auf Keynes zurückzuführenden mehr **nachfrageorientierten Konjunkturpolitik** steht die mehr **angebotsorientierte Ausrichtung** entgegen. (Vergleichen Sie Abschnitt 8.2.)

**Aufgabe** der staatlichen Konjunkturpolitik ist es, Konjunkturüberhitzungen und tief greifende Konjunktureinbrüche zu vermeiden und einen **stetigen Konjunkturverlauf** zu sichern.

● **Strukturveränderungen** resultieren aus Veränderungen der strukturbestimmenden Größen, der sog. **Strukturfaktoren.** Dazu gehören beispielsweise technische Veränderungen in der Produktionsweise, Modeänderungen, Sättigungserscheinungen, Veränderungen der Investitionsneigung der Unternehmer, Änderung der Verbrauchsgewohnheiten. Die **staatliche Strukturpolitik** soll die **Folgen von tief greifenden Strukturwandlungen** (z. B. den Übergang von der Industrie- zur Informationsgesellschaft) **abfedern** und **bruchartige Entwicklungen,** die oft mit dem Niedergang ganzer Branchen verbunden sind, **verhindern** oder zumindest **hinauszögern.**

**Im Gegensatz zu den konjunkturell** verursachten Veränderungen der gesamtwirtschaftlichen Proportionen handelt es sich bei den **Strukturwandlungen** stets um **langfristige** und **grundsätzliche Veränderungen.**

## 5. Das Verteilungsproblem

● **Eine Stellungnahme von Bundeskanzler Gerhard Schröder**

„Trotz der unbestreitbaren Vorteile von Mitarbeiterbeteiligungen und trotz aller staatlichen Fördermaßnahmen, die sich in mehreren Gesetzen zur Vermögensbildung niedergeschlagen haben, fällt die Beteiligung der Arbeitnehmer am Produktivkapital in Deutschland immer noch eher bescheiden aus. Es hat zwar Fortschritte gegeben. Heute besitzen viel mehr Haushalte Grundvermögen und Geldvermögen als vor 40 Jahren. Aber das Ziel einer möglichst ausgewogenen Vermögensverteilung ist noch längst nicht erreicht:

- Noch immer besitzen die reichsten 10 Prozent der Haushalte rund 50 Prozent des Privatvermögens, während die untere Hälfte der Gesellschaft nur über rund 4 Prozent am Privatvermögen verfügt.
- Vor allem beim Produktivvermögen gibt es noch einen großen Aufholbedarf für die privaten Haushalte.
- Nur 11 Prozent der Arbeiterhaushalte und 18 Prozent der Angestelltenhaushalte in Westdeutschland besitzen Aktien.
- Nur 6 Prozent aller Arbeitnehmer in Deutschland sind an ihrem arbeitgebenden Unternehmen beteiligt. Dabei handelt es sich ganz überwiegend um Belegschaftsaktien.

Wir stehen hier vor einer der großen Zukunftsaufgaben: Solange der Reichtum in unserer Gesellschaft weiter wächst, müssen diejenigen, die diesen Reichtum durch ihre Arbeit erwirtschaften, angemessen an der Verteilung des Vermögens beteiligt sein, sonst können wir unser Ziel einer gerechten sozialen Marktwirtschaft, in der die Menschen ihre Kreativität und ihre Fähigkeiten für sich entfalten und für die Allgemeinheit nutzbar machen können, nicht erreichen. Die Beteiligung der Arbeitnehmer am Produktivvermögen zu verbessern, ist deshalb nicht nur ein Gebot der Ökonomie, sondern auch der Demokratie und der Gesellschaftspolitik."[2]

● **Die Superreichen**

Das **„Manager Magazin"** hat erstmals die 100 Super-Reichen in Deutschland beim Namen genannt. Angeführt wird die Rangfolge durch die beiden Brüder Albrecht, Inhaber der Aldi-Supermärkte, mit einem privaten Vermögen von 31 Mrd. Euro. Sie stehen damit hinter Bill Gates (Microsoft) und Warren Buffett (Investment) an 3. Stelle der Hitliste der Superreichen.

● **Spitzeneinkommen**

In der Wochenzeitschrift „Focus" wurden die Vorstandsgehälter der dreißig größten deutschen Unternehmen im Jahre 2000 veröffentlicht. Der Durchschnittsverdienst betrug 1,74 Millionen Euro; im Vergleich zu 1999 war das etwa ein Drittel mehr. An der Spitze lag die Deutsche-Bank-Führungsriege mit 7,93 Millionen Euro, einem Plus von 85 %. „Außerhalb der Wirtschaft gehört Michael Schumacher zu den Spitzenverdienern im Land. Bisher bringt ihm der Formel-1-Sport eine geschätzte Jahresgage von 35,8 Mio. Euro. Seine gesamten Einkünfte inklusive Sponsorengeldern dürften weit höher sein."[3]

● **Armut in Deutschland**

Der im April 2001 von der Bundesregierung veröffentlichte Bericht über „Lebenslagen in Deutschland. Der erste Armuts- und Reichtumsbericht der Bundesregierung" enthält kurz zusammengefasst folgende Angaben: „Eineinhalb Millionen Deutsche sind Vermögensmillionäre. Dagegen gelten über eine Million Kinder hier zu Lande als arm; viele tausend von ihnen leben auf der Straße. Immer mehr Menschen leben von Sozialhilfe; ihre Zahl hat sich von 1973 bis 1998 in Westdeutschland vervierfacht, in Ostdeutschland seit 1991 verdoppelt. Die Altersarmut nimmt zu. Und auch die Beteiligung am Erwerbsleben schützt nicht immer vor Armut. , Arbeit haben' und trotzdem ‚arm sein' geht zusammen."[3]

1 Prognose
2 aus: Gerhard Schröder, Bundeskanzler, Mitabeiterbeteiligung als Element der Teilhabergesellschaft, in: Gewerkschaftliche Monatshefte, Ausgabe 6/2000
3 IN-Press, Basis-Info 20-2001, Arm und Reich in Deutschland, S. 4

## 6. Das Umweltschutzproblem

### a) Staatliche Umweltschutzpolitik als Teil der Gesamtpolitik

Umweltschutzpolitik ist ein Teil der Gesamtpolitik, so z. B. der Wirtschafts-, Sozial-, Verkehrs-, Energie-, Raumordnungs-, Arbeitsmarkt- oder Gesundheitspolitik. Die **Ziele der einzelnen politischen Teilbereiche** können sich gegenseitig **ergänzen;** es können jedoch auch **Zielkonflikte** entstehen. Grundsätzlich nehmen die **Ziele des Umweltschutzes** immer dann eine **Vorrangstellung** ein, wenn die **Gesundheit der Bevölkerung** oder die **langfristige Sicherung der natürlichen Lebensgrundlagen** gefährdet ist.

### b) Umweltschutzpolitik als gesamtgesellschaftliche Aufgabe

Wenn es **nicht** zu einer **lebensbedrohenden Verschlechterung der globalen Umweltsituation** kommen soll, müssen alle Akteure in Form einer **konzertierten Aktion** ihren Beitrag zur Schonung der natürlichen Lebensgrundlagen leisten, so die einzelnen **Bürger,** die **Unternehmungen,** der **Staat** und die **internationalen Organisationen.**

### c) Leitmaxime der staatlichen Umweltschutzpolitik

Die Weltkommission für Umwelt und Entwicklung hat in ihrem Abschlussbericht 1987 erstmals das **Prinzip der Nachhaltigkeit** als Leitvorstellung für die wirtschaftliche Entwicklung formuliert. Danach versteht man unter **„Sustainable Development"** eine „Entwicklung, die die Bedürfnisse der Gegenwart befriedigt, ohne zu riskieren, dass künftige Generationen ihre eigenen Bedürfnisse nicht befriedigen können." Dieses wirtschaftspolitische Leitziel kann auch als **„zukunftsverträgliche Entwicklung"** umschrieben werden. Denn es geht darum, dass die noch lebende Generation durch ihr wirtschaftliches Handeln nicht die Lebenschancen ihrer Enkel und Urenkel verringert.

Typisch für die am Leitbild der „Sustainable Development" ausgerichtete Wirtschaftsweise sind **ökologisch vertretbare Materialströme, Materialschonung** (Produktivität), **Energiesparen** (Effizienzsteigerung), **Nachhaltigkeit** (Sustainability) und **Mehrwegverwendung** von Produkten.

Hierbei sollen die Stoffströme in eine **Kreislaufwirtschaft** eingebunden werden. Im Betrieb wird die Umsetzung der zukunftsbezogenen Umweltpolitik durch Beachtung spezieller **Managementregeln** angestrebt.

Aufgrund eines Vorschlags der Gemeinsamen Verfassungskommission von Bundestag und Bundesrat wurde am 27. Okt. 1994 der **Artikel 20 a** in das **Grundgesetz** aufgenommen. Hiernach schützt der Staat insbesondere in Verantwortung für die künftigen Generationen die natürlichen Lebensgrundlagen. Zugleich ergeht mit der Deklaration des Umweltschutzes als Staatsziel an die Politiker der verfassungsmäßige Auftrag, die soziale Marktwirtschaft zur **ökologisch sozialen Marktwirtschaft** weiterzuentwickeln.

## 7. Die Herausforderungen durch die Globalisierung

Der Prozess der Globalisierung wird insbesondere durch die multinationalen Konzerne, die sog. **„global players"** in Gang gesetzt und forciert. Da es sich bei dieser Entwicklung um ein **sehr komplexes** und noch längst **nicht abgeschlossenes Phänomen** handelt, ist bis zum gegenwärtigen Zeitpunkt nur ein Teil der **Wirkungen und Folgen** restlos abgeklärt. Viele der direkten und mittelbaren Auswirkungen, so auch der Einfluss auf die konkrete Ausgestaltung der sozialen Marktwirtschaft in der Zukunft, können **momentan noch nicht abschießend beurteilt** werden.

**Kennzeichnend für die Globalisierung** sind u. a. folgende **Entwicklungstendenzen:** zunehmende internationale Verflechtung der Volkswirtschaften – vermehrter Austausch von Waren, Dienstleistungen und Kapital über Ländergrenzen hinweg – Verschärfung des internationalen Wettbewerbs um Marktanteile, Kapital, Know-how und unternehmerisches Engagement – Entstehung von weltweit agierenden Unternehmen, den „global players" – Verlagerung von Teilen der Produktion aus den hoch industrialisierten Ländern in Entwicklungsländer (Ausnutzung des Lohngefälles) – Entstehung von Wissens- und Expertensystemen über internationele Vorhaben – Ausübung von Druck der Global Players auf Regierungen zur Erzwingung von Steuervergünstigungen, von Subventionen und kostenloser Infrastruktur.

## ARBEITSAUFTRÄGE UND FRAGEN ZUR STOFFERSCHLIESSUNG

1. Ermitteln Sie mithilfe der in der Ausgangssituation angegebenen Schlagzeilen und der Kapitelüberschriften, welche Probleme in der sozialen Marktwirtschaft noch dringend einer Lösung bedürfen. Geben Sie hierbei auch an, welchem Bereich der staatlichen Wirtschaftspolitik die einzelnen wirtschaftspolitischen Probleme zuzuordnen sind. Lösungsbeispiel: (1) Beschäftigungsproblem – Arbeitsmarktpolitik (oder allgemeine Wirtschaftspolitik).
2. Beschäftigen Sie sich nun mit der Sachdarstellung zum **Beschäftigungsproblem.**
   a) Beurteilen Sie mithilfe des angegebenen Zahlenmaterials die Entwicklung der Arbeitslosigkeit in der sozialen Marktwirtschaft.
   b) Ermitteln Sie für die in der Sachdarstellung (1 b) beschriebenen Fälle die fachspezifische Bezeichnung. Lösungsbeispiel: (1) saisonale Arbeitslosigkeit.
   c) Beschreiben Sie mithilfe der folgenden Stichwortliste Maßnahmen, die der Staat bzw. die Sozialpartner zur Bekämpfung der Arbeitslosigkeit ergreifen. Stichworte: Konjunkturankurbelung – Investitionen – Qualifizierung – Mobilität – Maschinenlaufzeiten – Arbeitszeitgestaltung – Lohnkosten – Kündigung – Strukturverbesserung – Arbeitsbeschaffungsmaßnahmen (ABM) – Verteilung der vorhandenen Arbeit.
   d) Angenommen, die Zahl der Arbeitslosen nimmt in den kommenden Jahren weiterhin stark zu. Welche Folgen für das System der sozialen Marktwirtschaft können sich aus solch einer Entwicklung ergeben? Zeigen Sie hierbei auch mögliche außerökonomische Folgewirkungen auf.
3. Beschäftigen Sie sich mit den Ausführungen zum **Konzentrationsproblem** (Sachdarstellung 2).
   a) Kommentieren Sie das statistische Material zur Unternehmenskonzentration.
   b) Wie wirken sich moderne Entwicklungstendenzen wie der Zusammenschluss Europas und die fortschreitende Globalisierung der Märkte auf den Wettbewerb aus?

c) Großunternehmungen (Konzerne) haben sowohl Vor- als auch Nachteile. Nennen Sie einige positive und negative Aspekte, die typisch für Großunternehmen sind. Lösungshinweise: Marktstellung, Risikoverteilung, technischer Fortschritt, Preisstellung, Kooperationsmöglichkeiten, Kostenstruktur, Versorgung der Verbraucher, Lobbyismus, Investitionen, Konditionen, Wirtschaftlichkeit der Produktion, Marktverhalten.

d) Wie beurteilen Sie die Gefahr, dass im Laufe der Zeit aus der „sozialen Marktwirtschaft" eine eher „unsoziale Konzernwirtschaft" entstehen könnte?

4. Setzen Sie sich nun mit den statistischen Angaben zum **Problem der steigenden Staatsverschuldung** auseinander.

   a) Schreiben Sie die für das Jahr 2000 angegebene Zahl für den Schuldenstand des öffentlichen Gesamthaushalts einmal auf Ihr Arbeitsblatt. Wie viele Stellen hat diese Zahl?

   b) Beurteilen Sie mithilfe des in der Sachdarstellung angegebenen statistischen Zahlenmaterials das Problem der steigenden Staatsverschuldung. Lösungshinweise: Kosten, Zukunftsprobleme.

   c) Angenommen, der Staat muss zur Finanzierung seiner Ausgaben in den kommenden Jahren den Schuldenstand noch beträchtlich erhöhen. Welche Folgewirkungen für das System der sozialen Marktwirtschaft können sich aus einer solchen Entwicklung ergeben?

5. Befassen Sie sich auch mit den Ausführungen in der Sachdarstellung zum Thema **Krisenanfälligkeit marktwirtschaftlicher Systeme.**

   a) Werten Sie das statistische Material aus (Sachdarstellung 4 a) und nennen Sie die Konjunkturhöhepunkte und -tiefpunkte in der Geschichte der sozialen Marktwirtschaft.

   b) Welcher Maßstab gilt für die Messung der Konjunkturentwicklung?

   c) Welche Ziele verfolgt die staatliche Konjunkturpolitik?

   d) Wie kommt es zu Strukturveränderungen? Nennen Sie fünf Beispiele.

   e) Welche Ziele verfolgt die staatliche Strukturpolitik?

   f) Wie unterscheiden sich Konjunktur- von Strukturveränderungen?

   g) Nennen Sie zwei Beispiele für solche langfristigen und grundsätzlichen Veränderungen. Lösungshinweis: Entwicklung der Beschäftigtenzahlen in den einzelnen Wirtschaftssektoren.

   h) Nennen Sie einige Branchen, die in der Vergangenheit immer wieder von Krisen heimgesucht wurden.

   i) Worauf ist die Krisenanfälligkeit der marktwirtschaftlichen Systeme zurückzuführen? (Zwei Angaben)

   j) Welche Gefahren bringen tief greifende Konjunktur- und Strukturkrisen wie die von 1992/93 für das System der sozialen Marktwirtschaft mit sich?

6. Befreien Sie sich einmal (zumindest vorübergehend) von allen Neidkomplexen und setzen Sie sich möglichst objektiv mit dem gesamtwirtschaftlichen Ziel einer **gerechten Einkommens- und Vermögensverteilung** auseinander.

   a) Bundeskanzler G. Schröder stellt in seinem Artikel fest, dass die Beteiligung der Arbeitnehmer am Produktionskapital in Deutschland „eher bescheiden" ausfällt. Womit belegt er diesen Tatbestand?

   b) Wie beurteilen Sie aufgrund des vorliegenden Zahlenmaterials und Ihrer eigenen Kenntnisse und Erfahrungen die Einkommens- und Vermögensverteilung in der sozialen Marktwirtschaft?

   c) Welche Nachteile hätte es, wenn das Einkommen und Vermögen der Reichen sehr stark besteuert würden?

   d) Welche wirtschaftlichen und gesellschaftlichen Gefahren können sich aus einem weiteren Auseinanderdriften der Einkommen und des Vermögens von Reichen und Armen ergeben?

   e) Diskutieren Sie darüber, ob es Mittel und Wege gibt, diesem Problem beizukommen.

7. Beantworten Sie noch einige Fragen zur staatlichen **Umweltschutzpolitik.**

   a) Welcher sachliche Beziehungszusammenhang besteht zwischen Umweltschutzpolitik und Wirtschafts-, Sozial-, Verkehrs-, Energie-, Raumordnungs-, Arbeitsmarkt-, Gesundheitspolitik?

   b) In welchen Fällen muss der Umweltschutzpolitik die Priorität vor anderen Bereichen der Gesamtpolitik eingeräumt werden?

   c) Warum ist Umweltschutzpolitik eine gesamtgesellschaftliche Aufgabe?

   d) Was versteht man unter „sustainable development"?

   e) Wie beurteilen Sie die Chancen für die praktische Umsetzbarkeit dieser Leitmaxime in der sozialen Marktwirtschaft?

   f) Warum ist es erforderlich, die soziale Marktwirtschaft zur ökologisch sozialen Marktwirtschaft weiterzuentwickeln?

8. **Der Prozess der Globalisierung** wird die konkrete Ausgestaltung der sozialen Marktwirtschaft in der Zukunft entscheidend beeinflussen.

   a) Welche Entwicklungstendenzen sind kennzeichnend für die Globalisierung? (Mindestens 5 Angaben)

   b) Wagen Sie eine Prognose darüber, wie in naher Zukunft die soziale Marktwirtschaft durch die Globalisierung verändert werden könnte. Stichworte: Marktformen und Wettbewerb – Marktmacht – internationale Arbeitsteilung – Lebensstandard – Beschäftigungsniveau – Staatsautorität.

# Aufgaben zur Gesamtwiederholung und für Klassenarbeiten

**Aufgabe 1:** Wesensmerkmale und Funktionsweise der sozialen Marktwirtschaft

**„In Deutschland reden viele vom Erfolgsgaranten soziale Marktwirtschaft, nicht ganz so viele wissen, wie sie wirklich funktioniert."** (iwd, Nr. 1, Jahrgang 23, vom 27. Febr. 1997, S. 2)

2 P 1.1 Was wissen Sie über die Entstehung der sozialen Marktwirtschaft? (Entstehungszeitpunkt, Begründer, geistige Grundlage)

2 P 1.2 Was ist soziale Marktwirtschaft ihrem Wesen nach? (2 Angaben)

1.3 Wie unterscheidet sich die soziale Marktwirtschaft von der freien Marktwirtschaft in Bezug auf folgende Ordnungsmerkmale:

2 P 1.3.1 Stellung des Staates;

2 P 1.3.2 Vertragsfreiheit;

2 P 1.3.3 Eigentumsverhältnisse?

2 P 1.4 Was spricht gegen marktkonträre (marktinkonforme) Eingriffe des Staates in das Wirtschaftsgeschehen?

2 P 1.5 Hätte nach den Bestimmungen des Grundgesetzes in Deutschland auch ein von der Konzeption der sozialen Marktwirtschaft abweichendes Wirtschaftssystem eingeführt werden können? (Begründung)

3 P 1.6 Nennen Sie je drei Beispiele für typisch marktwirtschaftliche und für zentralverwaltungswirtschaftliche (dirigistische) Elemente, die im Grundgesetz verankert sind.

3 P 1.7 In Anbetracht der zunehmenden wirtschafts- und gesellschaftspolitischen Probleme gerät der „Erfolgsgarant soziale Marktwirtschaft" (siehe obiges Zitat) immer mehr in die Kritik. Vor allem die Menschen in den neuen Bundesländern hätten das Gefühl, dass „unser als überlegen gefeiertes Gesellschaftsmodell ein Auslaufmodell" sein könnte (Jutta Limbach, Präsidentin des Bundesverfassungsgerichts; aus: Südwestpresse/NWZ/vom 2. Febr. 1999). Welche Probleme sind in der sozialen Marktwirtschaft bisher noch ungelöst?

5 P 1.8 Skizzieren Sie drei wichtige wirtschafts- oder gesellschaftspolitische Probleme, die mit unserem freiheitlichen, am Individualismus ausgerichteten Wertesystem zusammenhängen.

25 P

**Aufgabe 2:** Gewinn- und Sozialstaatsprinzip

**Dem früheren Bundeskanzler Helmut Schmidt wird der folgende Satz zugeschrieben: „Die Gewinne von heute sind die Investitionen von morgen und die Arbeitsplätze von übermorgen."**

2 P 2.1 Welche Bedeutung hat das Gewinnstreben in der Marktwirtschaft? (Begründung)

2 P 2.2 Welche ökonomischen Maßnahmen ergreifen Unternehmer, um mehr Gewinn zu erzielen? (4 Beispiele)

3 P 2.3 Im obigen Schmidt-Zitat wird ein sachlicher Beziehungszusammenhang zwischen Gewinn, Investitionen und Arbeitsplätzen hergestellt. Erläutern Sie diesen Sachverhalt.

2 P 2.4 Welche Verwendung der Gewinne wird in dem oben angeführten Ausspruch (stillschweigend) unterstellt?

3 P 2.5 Bereits der englische Nationalökonom Adam Smith (1723–1790) hat die These aufgestellt, dass die beim Gewinnstreben wirksam werdende Verfolgung von Einzelinteressen zugleich dem Gesamtinteresse und damit dem Gemeinwohl diene. Versuchen Sie die Richtigkeit dieser Aussage zu belegen, evtl. durch Anfügen von konkreten Beispielen.

2 P 2.6 Was ist die Voraussetzung dafür, dass der Egoismus des Einzelnen, ausgedrückt im Gewinn- und Nutzenstreben, in sozialen Fortschritt und Wohlstand umfunktioniert wird?

3 P 2.7 Die Verwirklichung des Sozialstaatsprinzips gehört zu den wichtigsten Aufgaben der sozialen Marktwirtschaft. Nennen Sie sechs Maßnahmen, die der praktischen Umsetzung dieser Zielsetzung dienen.

3 P 2.8 Immer häufiger wird in letzter Zeit von der „Krise des Sozialstaats" gesprochen. Welche Hauptursachen lassen sich dafür anführen? (Mindestens 3 Angaben)

20 P

**Aufgabe 3:** Staatliche Wettbewerbspolitik

**Eine Zeitungsmeldung: „Das Fusionsfieber greift immer weiter um sich: Gestern gaben die beiden größten US-Mineralölkonzerne Exxon und Mobil Oil ihren Zusammenschluss zum größten Industrieunternehmen der Welt mit über 200 Mrd. Euro Marktwert bekannt."**

2 P 3.1 Was ist der Hauptgrund für die steigende Zahl von Megafusionen, von sog. Elefantenhochzeiten? Erläutern Sie kurz dieses Phänomen.

3 P 3.2 Welche Gefahren sind mit solchen Großfusionen verbunden? (3 Angaben)

2 P 3.3 Welche Möglichkeiten hat das Bundeskartellamt, um gegen Fusionen deutscher Firmen vorzugehen?

2 P 3.4 Welche Grenzen sind den Einwirkungsmöglichkeiten des Bundeskartellamts bei internationalen Megafusionen gesetzt?

6 P 3.5 Nehmen Sie als Beispiel die Megafusion von Daimler und Chrysler im Jahre 1998. Welche positiven und negativen Wirkungen können sich aus einem solchen Unternehmenszusammenschluss ergeben? Nennen Sie je drei wichtige Vor- und Nachteile.

2 P 3.6 Außer der Fusionskontrolle bedient sich der Staat noch anderer Instrumente, um den Wettbewerb zu schützen. Beschreiben Sie kurz zwei dieser Instrumente.

3 P 3.7 Warum ist der Schutz des Wettbewerbs von so großer Bedeutung für die Aufrechterhaltung unseres marktwirtschaftlichen Systems? (Mindestens 3 Angaben)

20 P

**Aufgabe 4:** Wettbewerb

4.1 Warum kann man das als „Marktwirtschaft" bezeichnete Wirtschaftssystem der Bundesrepublik Deutschland ebenso
3 P gut auch als „Wettbewerbswirtschaft" bezeichnen?

4 P 4.2 Welche Funktionsbedingungen gelten für das Modell des vollkommenen Marktes?

4 P 4.3 Beschreiben Sie kurz vier Formen des Leistungswettbewerbs.

3 P 4.4 Was versteht man unter „Nichtleistungswettbewerb" und welche Ausprägungsformen gibt es davon?

4.5 Skizzieren Sie kurz, was unter „Wettbewerb" a) im volkswirtschaftlichen, b) im betriebswirtschaftlichen und c) im
3 P rechtlichen Sinne zu verstehen ist.

4.6 Beschreiben Sie, was unter dem „Konzept der gegengewichtigen Marktmacht" (Countervailing-Konzept) zu verste-
3 P hen ist.

20 P

**Aufgabe 5:** Verschiedenartiges

5.1 Wie unterscheiden sich freie und soziale Marktwirtschaft hinsichtlich . . .

a) der Rechtsstellung der Arbeitnehmer,

b) der Startchancen der Wirtschaftssubjekte,

3 P c) Preisbildung und Preisfestsetzung?

Machen Sie zu a) bis c) jeweils mindestens zwei Angaben.

5.2 In der sozialen Marktwirtschaft gibt es zahlreiche sozialpolitische Aktivitäten des Staates. Nennen Sie zu den folgenden Aktivitätsbereichen jeweils zwei typische Beispiele.

a) Bildungspolitik,

b) Einkommensverteilung,

3 P c) Unterstützung sozial Schwacher.

5.3 Angenommen, der Angebotsoligopolist A erhöht den Preis seines Produkts um 10 %. Welche Auswirkungen kann die Preiserhöhung auf das Verhalten der Konkurrenten im Markt haben? (4 Möglichkeiten). Zeigen Sie hierbei auch die
3 P Konsequenzen (Folgen) dieses Verhaltens für A auf.

5.4 Mit der Aufhebung der Monopolstellung der Elektrizitätslieferanten und des Telefonmonopols der Deutschen Post AG sind die Strompreise und die Telefongebühren teilweise ganz beträchtlich gesunken. Welche Kritik muss nach diesen Erfahrungen an der Monopolpreispolitik geübt werden? (3 Angaben) Warum gibt es in der wirtschaftlichen Wirk-
3 P lichkeit kaum absolute, sondern in der Regel nur relative Monopolstellungen?

5.5 In der Landwirtschaft der Europäischen Union gibt es in mehreren Bereichen Überschussproduktion. Man spricht in diesem Zusammenhang von Milch- und Weinseen, von Butter-, Getreide-, Obst- und Fleischbergen.

3 P a) Weisen Sie nach, dass der Marktautomatismus langfristig eine Überschussproduktion verhindert.

b) Angenommen, die staatliche Subventionierung der Landwirtschaft würde von heute auf morgen eingestellt. Wel-
3 P che gesamtwirtschaftlichen Folgen könnten sich aus einem solchen Vorgehen ergeben? (3 Nennungen)

c) Begründen Sie, ob es sich bei den staatlich subventionierten Preisen für landwirtschaftliche Produkte um Höchst-
2 P oder Mindestpreise handelt.

20 P

**Aufgabe 6:** Textauswertung

**„Bei funktionsfähigem Wettbewerb hat der einzelne Unternehmer dabei so gut wie keine Macht. Er kann dem Konsumenten die Preise nicht diktieren, weil ihn sonst die Konkurrenz unterbietet. Er kann dem Arbeitnehmer nicht willkürlich niedrige Löhne zahlen, weil er mit anderen Unternehmen um die Arbeitskraft konkurrieren muss. Er kann nicht produzieren, was er will, sondern er muss das produzieren, was der Markt verlangt. Er kann nicht einmal darauf verzichten, Gewinn zu machen, sonst hat sein Unternehmen keine Finanzierungsmöglichkeiten. Die Freiheit der Marktwirtschaft ist eine Freiheit von Befehlen, sie ist keine Freiheit von Sachzwängen. Jeder, der wirtschaftet, ist den Gesetzen des Marktes unterworfen. Der Zwang der Marktwirtschaft ist der Zwang eines anonymen Marktmechanismus; der Zwang der Planwirtschaft ist die Herrschaft von Menschen über Menschen. Eine zentral geplante Wirtschaft kann funktionieren und gerecht sein, wenn die Männer an ihrer Spitze weise, gerecht und edel sind. Eine Marktwirtschaft funktioniert mit den Menschen, die wir vorfinden, mit selbstsüchtigen, unvollkommenen Menschen. Sie ist auf Edelmut des Einzelnen nicht angewiesen."[1]**

3 P 6.1 Im vorstehenden Text ist von „funktionsfähigem Wettbewerb" die Rede. Welche Funktionen muss der Wettbewerb bzw. der Markt-Preis-Mechanismus erfüllen, wenn ihm das Attribut „funktionsfähig" zuerkannt werden soll?

6.2 Am besten funktioniert der Markt-Preis-Mechanismus dann, wenn die Marktform der vollständigen Konkurrenz und die Bedingungen des vollkommenen Marktes gegeben sind.

2 P a) Was versteht man unter der Marktform der vollständigen Konkurrenz?

5 P b) Welche Bedingungen (Funktionsvoraussetzungen) gehören zu einem vollkommenen Markt? Beschreiben Sie die einzelnen Modellprämissen kurz.

2 P 6.3 Welche Folgen hätte es, wenn ein Unternehmer das produzieren würde, „was er will" und nicht das, „was der Markt verlangt"?

4 P 6.4 Zeigen Sie anhand von vier Beispielen auf, dass „die Freiheit der Marktwirtschaft ... eine Freiheit von Befehlen" ist, jedoch „keine Freiheit von Sachzwängen".

4 P 6.5 Die Marktwirtschaft ist auf den „Edelmut des Einzelnen" nicht angewiesen. Nennen Sie vier Charaktereigenschaften,
20 P die der Mensch in der Marktwirtschaft aufweisen muss, wenn er erfolgreich sein soll.

1 W. Engels, Soziale Marktwirtschaft, Stuttgart 1972, S. 27 f.

# Sachwortverzeichnis





402464